WEG
Wohnungseigentumsgesetz
Mit Nebengesetzen

M&E Rechts- & Gesetzesredaktion

WEG

Wohnungseigentumsgesetz

Mit Nebengesetzen

ISBN 978-3-947201-83-9

© M&E Rechts- & Gesetzesredaktion

M&E Books Verlag GmbH

Mittelstr. 11-13

40789 Monheim am Rhein

Telefon 02173-993 8712

Telefax 02173-898 4993

https://me-books.de

info@me-books.de

Steuer-Nr: 135/5746/0659

USt.-IdNr.: DE310782725

Geschäftsführer: Vu Dinh

VORWORT

Wir alle leben in einer stark rechtlich geprägten Welt. Straßenverkehrsrecht, Steuerrecht, Mietrecht, Kauf- und Vertragsrecht, Erbrecht, Baurecht, Strafrecht und vieles mehr bestimmen täglich die Rahmenbedingungen für unser Leben. Für einen rechtlichen Laien ist es unmöglich, auf allen Rechtsgebieten Fachmann zu werden und Richtern und Rechtsanwälten auf Augenhöhe zu begegnen. Es ist jedoch möglich, durch einen Blick ins Gesetz zumindest die Grundlagen kennenzulernen. Dazu dient dieser Gesetzestext.

Das Recht ist stets im Wandel und unterliegt ständigen Veränderungen. Wir bieten aktuelle Gesetzestexte in einem handlichen Format für die Praxis. Die Zusammenstellung der Gesetzestexte wurde von der Rechts- und Gesetzesredaktion des Verlages sorgfältig auf Aktualität geprüft. In der Redaktion werden ausschließlich Volljuristen mit der Befähigung zur Ausübung eines Richteramtes eingesetzt. So können Sie sicher sein, dass Sie stets die amtlich gültige und aktuelle Fassung in Händen halten.

M&E Rechts- & Gesetzesredaktion

INHALT

GRUNDBUCHORDNUNG (GBO) 52

GESETZ ÜBER DAS WOHNUNGSEIGENTUM UND DAS DAUERWOHNRECHT
(Wohnungseigentumsgesetz - WEG)

WEG

Ausfertigungsdatum: 15.03.1951

Vollzitat:

"Wohnungseigentumsgesetz in der Fassung der Bekanntmachung vom 12. Januar 2021 (BGBl. I S. 34)"

Stand: Neugefasst durch Bek. v. 12.1.2021 I 34

Fußnote

(+++ Textnachweis Geltung ab: 1.10.1973 +++)

Wegen des Umfangs der Geltung im Saarland vgl. § 3 II Nr. 1 G v. 30.6.1959 101-3; in Berlin gem. Art. III G v. 2.8.1951 GVBl. S. 547 am 10.8.1951 in Kraft getreten

Überschrift: Buchstabenabkürzung eingef. durch Art. 1 Nr. 1 G v. 16.10.2020 2187 mWv 1.12.2020

Teil 1

Wohnungseigentum

Abschnitt 1

Begriffsbestimmungen

§ 1 Begriffsbestimmungen

(1) Nach Maßgabe dieses Gesetzes kann an Wohnungen das Wohnungseigentum, an nicht zu Wohnzwecken dienenden Räumen eines Gebäudes das Teileigentum begründet werden.

(2) Wohnungseigentum ist das Sondereigentum an einer Wohnung in Verbindung mit dem Miteigentumsanteil an dem gemeinschaftlichen Eigentum, zu dem es gehört.

(3) Teileigentum ist das Sondereigentum an nicht zu Wohnzwecken dienenden Räumen eines Gebäudes in Verbindung mit dem Miteigentumsanteil an dem gemeinschaftlichen Eigentum, zu dem es gehört.

(4) Wohnungseigentum und Teileigentum können nicht in der Weise begründet werden, dass das Sondereigentum mit Miteigentum an mehreren Grundstücken verbunden wird.

(5) Gemeinschaftliches Eigentum im Sinne dieses Gesetzes sind das Grundstück und das Gebäude, soweit sie nicht im Sondereigentum oder im Eigentum eines Dritten stehen.

(6) Für das Teileigentum gelten die Vorschriften über das Wohnungseigentum entsprechend.

Abschnitt 2

Begründung des Wohnungseigentums

§ 2 Arten der Begründung

Wohnungseigentum wird durch die vertragliche Einräumung von Sondereigentum (§ 3) oder durch Teilung (§ 8) begründet.

§ 3 Vertragliche Einräumung von Sondereigentum

(1) Das Miteigentum (§ 1008 des Bürgerlichen Gesetzbuchs) an einem Grundstück kann durch Vertrag der Miteigentümer in der Weise beschränkt werden, dass jedem der Miteigentümer abweichend von § 93 des Bürgerlichen Gesetzbuchs das Eigentum an einer bestimmten Wohnung oder an nicht zu Wohnzwecken dienenden bestimmten Räumen in einem auf dem Grundstück errichteten oder zu errichtenden Gebäude (Sondereigentum) eingeräumt wird. Stellplätze gelten als Räume im Sinne des Satzes 1.

(2) Das Sondereigentum kann auf einen außerhalb des Gebäudes liegenden Teil des Grundstücks erstreckt werden, es sei denn, die Wohnung oder die nicht zu Wohnzwecken dienenden Räume bleiben dadurch wirtschaftlich nicht die Hauptsache.

(3) Sondereigentum soll nur eingeräumt werden, wenn die Wohnungen oder sonstigen Räume in sich abgeschlossen sind und Stellplätze sowie außerhalb des Gebäudes liegende Teile des Grundstücks durch Maßangaben im Aufteilungsplan bestimmt sind.

§ 4 Formvorschriften

(1) Zur Einräumung und zur Aufhebung des Sondereigentums ist die Einigung der Beteiligten über den Eintritt der Rechtsänderung und die Eintragung in das Grundbuch erforderlich.

(2) Die Einigung bedarf der für die Auflassung vorgeschriebenen Form. Sondereigentum kann nicht unter einer Bedingung oder Zeitbestimmung eingeräumt oder aufgehoben werden.

(3) Für einen Vertrag, durch den sich ein Teil verpflichtet, Sondereigentum einzuräumen, zu erwerben oder aufzuheben, gilt § 311b Absatz 1 des Bürgerlichen Gesetzbuchs entsprechend.

§ 5 Gegenstand und Inhalt des Sondereigentums

(1) Gegenstand des Sondereigentums sind die gemäß § 3 Absatz 1 Satz 1 bestimmten Räume sowie die zu diesen Räumen gehörenden Bestandteile des Gebäudes, die verändert, beseitigt oder eingefügt werden können, ohne dass dadurch das gemeinschaftliche Eigentum oder ein auf Sondereigentum beruhendes Recht eines anderen Wohnungseigentümers über das bei einem geordneten Zusammenleben unvermeidliche Maß hinaus beeinträchtigt oder die äußere

Gestaltung des Gebäudes verändert wird. Soweit sich das Sondereigentum auf außerhalb des Gebäudes liegende Teile des Grundstücks erstreckt, gilt § 94 des Bürgerlichen Gesetzbuchs entsprechend.

(2) Teile des Gebäudes, die für dessen Bestand oder Sicherheit erforderlich sind, sowie Anlagen und Einrichtungen, die dem gemeinschaftlichen Gebrauch der Wohnungseigentümer dienen, sind nicht Gegenstand des Sondereigentums, selbst wenn sie sich im Bereich der im Sondereigentum stehenden Räume oder Teile des Grundstücks befinden.

(3) Die Wohnungseigentümer können vereinbaren, dass Bestandteile des Gebäudes, die Gegenstand des Sondereigentums sein können, zum gemeinschaftlichen Eigentum gehören.

(4) Vereinbarungen über das Verhältnis der Wohnungseigentümer untereinander und Beschlüsse aufgrund einer solchen Vereinbarung können nach den Vorschriften des Abschnitts 4 zum Inhalt des Sondereigentums gemacht werden. Ist das Wohnungseigentum mit der Hypothek, Grund- oder Rentenschuld oder der Reallast eines Dritten belastet, so ist dessen nach anderen Rechtsvorschriften notwendige Zustimmung nur erforderlich, wenn ein Sondernutzungsrecht begründet oder ein mit dem Wohnungseigentum verbundenes Sondernutzungsrecht aufgehoben, geändert oder übertragen wird.

§ 6 Unselbständigkeit des Sondereigentums

(1) Das Sondereigentum kann ohne den Miteigentumsanteil, zu dem es gehört, nicht veräußert oder belastet werden.

(2) Rechte an dem Miteigentumsanteil erstrecken sich auf das zu ihm gehörende Sondereigentum.

§ 7 Grundbuchvorschriften

(1) Im Fall des § 3 Absatz 1 wird für jeden Miteigentumsanteil von Amts wegen ein besonderes Grundbuchblatt (Wohnungsgrundbuch, Teileigentumsgrundbuch) angelegt. Auf diesem ist das zu dem Miteigentumsanteil gehörende Sondereigentum und als Beschränkung des Miteigentums die Einräumung der zu den anderen Miteigentumsanteilen gehörenden Sondereigentumsrechte einzutragen. Das Grundbuchblatt des Grundstücks wird von Amts wegen geschlossen.

(2) Zur Eintragung eines Beschlusses im Sinne des § 5 Absatz 4 Satz 1 bedarf es der Bewilligungen der Wohnungseigentümer nicht, wenn der Beschluss durch eine Niederschrift, bei der die Unterschriften der in § 24 Absatz 6 bezeichneten Personen öffentlich beglaubigt sind, oder durch ein Urteil in einem Verfahren nach § 44 Absatz 1 Satz 2 nachgewiesen ist. Antragsberechtigt ist auch die Gemeinschaft der Wohnungseigentümer.

(3) Zur näheren Bezeichnung des Gegenstands und des Inhalts des Sondereigentums kann auf die Eintragungsbewilligung oder einen Nachweis gemäß Absatz 2 Satz 1 Bezug genommen werden. Veräußerungsbeschränkungen (§ 12) und die Haftung von Sondernachfolgern für Geldschulden sind jedoch ausdrücklich einzutragen.

(4) Der Eintragungsbewilligung sind als Anlagen beizufügen:

1. eine von der Baubehörde mit Unterschrift und Siegel oder Stempel versehene Bauzeichnung, aus der die Aufteilung des Gebäudes und des Grundstücks sowie die Lage und Größe der im Sondereigentum und der im gemeinschaftlichen Eigentum stehenden Teile des Gebäudes und des Grundstücks ersichtlich ist (Aufteilungsplan); alle zu demselben Wohnungseigentum gehörenden Einzelräume und Teile des Grundstücks sind mit der jeweils gleichen Nummer zu kennzeichnen;

2. eine Bescheinigung der Baubehörde, dass die Voraussetzungen des § 3 Absatz 3 vorliegen.

Wenn in der Eintragungsbewilligung für die einzelnen Sondereigentumsrechte Nummern angegeben werden, sollen sie mit denen des Aufteilungsplans übereinstimmen.

(5) Für Teileigentumsgrundbücher gelten die Vorschriften über Wohnungsgrundbücher entsprechend.

§ 8 Teilung durch den Eigentümer

(1) Der Eigentümer eines Grundstücks kann durch Erklärung gegenüber dem Grundbuchamt das Eigentum an dem Grundstück in Miteigentumsanteile in der Weise teilen, dass mit jedem Anteil Sondereigentum verbunden ist.

(2) Im Fall des Absatzes 1 gelten § 3 Absatz 1 Satz 2, Absatz 2 und 3, § 4 Absatz 2 Satz 2 sowie die §§ 5 bis 7 entsprechend.

(3) Wer einen Anspruch auf Übertragung von Wohnungseigentum gegen den teilenden Eigentümer hat, der durch Vormerkung im Grundbuch gesichert ist, gilt gegenüber der Gemeinschaft der Wohnungseigentümer und den anderen Wohnungseigentümern anstelle des teilenden Eigentümers als Wohnungseigentümer, sobald ihm der Besitz an den zum Sondereigentum gehörenden Räumen übergeben wurde.

§ 9 Schließung der Wohnungsgrundbücher

(1) Die Wohnungsgrundbücher werden geschlossen:

1. von Amts wegen, wenn die Sondereigentumsrechte gemäß § 4 aufgehoben werden;

2. auf Antrag des Eigentümers, wenn sich sämtliche Wohnungseigentumsrechte in einer Person vereinigen.

(2) Ist ein Wohnungseigentum selbständig mit dem Recht eines Dritten belastet, so werden die allgemeinen Vorschriften, nach denen zur Aufhebung des Sondereigentums die Zustimmung des Dritten erforderlich ist, durch Absatz 1 nicht berührt.

(3) Werden die Wohnungsgrundbücher geschlossen, so wird für das Grundstück ein Grundbuchblatt nach den allgemeinen Vorschriften angelegt; die Sondereigentumsrechte erlöschen, soweit sie nicht bereits aufgehoben sind, mit der Anlegung des Grundbuchblatts.

Abschnitt 3

Rechtsfähige Gemeinschaft der Wohnungseigentümer

§ 9a Gemeinschaft der Wohnungseigentümer

(1) Die Gemeinschaft der Wohnungseigentümer kann Rechte erwerben und Verbindlichkeiten eingehen, vor Gericht klagen und verklagt werden. Die Gemeinschaft der Wohnungseigentümer entsteht mit Anlegung der Wohnungsgrundbücher; dies gilt auch im Fall des § 8. Sie führt die Bezeichnung „Gemeinschaft der Wohnungseigentümer" oder „Wohnungseigentümergemeinschaft" gefolgt von der bestimmten Angabe des gemeinschaftlichen Grundstücks.

(2) Die Gemeinschaft der Wohnungseigentümer übt die sich aus dem gemeinschaftlichen Eigentum ergebenden Rechte sowie solche Rechte der Wohnungseigentümer aus, die eine einheitliche Rechtsverfolgung erfordern, und nimmt die entsprechenden Pflichten der Wohnungseigentümer wahr.

(3) Für das Vermögen der Gemeinschaft der Wohnungseigentümer (Gemeinschaftsvermögen) gelten § 18, § 19 Absatz 1 und § 27 entsprechend.

(4) Jeder Wohnungseigentümer haftet einem Gläubiger nach dem Verhältnis seines Miteigentumsanteils (§ 16 Absatz 1 Satz 2) für Verbindlichkeiten der Gemeinschaft der Wohnungseigentümer, die während seiner Zugehörigkeit entstanden oder während dieses Zeitraums fällig geworden sind; für die Haftung nach Veräußerung des Wohnungseigentums ist § 160 des Handelsgesetzbuchs entsprechend anzuwenden. Er kann gegenüber einem Gläubiger neben den in seiner Person begründeten auch die der Gemeinschaft der Wohnungseigentümer zustehenden Einwendungen und Einreden geltend machen, nicht aber seine Einwendungen und Einreden gegenüber der Gemeinschaft der Wohnungseigentümer. Für die Einrede der Anfechtbarkeit und Aufrechenbarkeit ist § 770 des Bürgerlichen Gesetzbuchs entsprechend anzuwenden.

(5) Ein Insolvenzverfahren über das Gemeinschaftsvermögen findet nicht statt.

§ 9b Vertretung

(1) Die Gemeinschaft der Wohnungseigentümer wird durch den Verwalter gerichtlich und außergerichtlich vertreten, beim Abschluss eines Grundstückskauf- oder Darlehensvertrags aber nur aufgrund eines Beschlusses der Wohnungseigentümer. Hat die Gemeinschaft der Wohnungseigentümer keinen Verwalter, wird sie durch die Wohnungseigentümer gemeinschaftlich vertreten. Eine Beschränkung des Umfangs der Vertretungsmacht ist Dritten gegenüber unwirksam.

(2) Dem Verwalter gegenüber vertritt der Vorsitzende des Verwaltungsbeirats oder ein durch Beschluss dazu ermächtigter Wohnungseigentümer die Gemeinschaft der Wohnungseigentümer.

Abschnitt 4

Rechtsverhältnis der Wohnungseigentümer untereinander und zur Gemeinschaft der Wohnungseigentümer

§ 10 Allgemeine Grundsätze

(1) Das Verhältnis der Wohnungseigentümer untereinander und zur Gemeinschaft der Wohnungseigentümer bestimmt sich nach den Vorschriften dieses Gesetzes und, soweit dieses Gesetz keine besonderen Bestimmungen enthält, nach den Vorschriften des Bürgerlichen Gesetzbuchs über die Gemeinschaft. Die Wohnungseigentümer können von den Vorschriften dieses Gesetzes abweichende Vereinbarungen treffen, soweit nicht etwas anderes ausdrücklich bestimmt ist.

(2) Jeder Wohnungseigentümer kann eine vom Gesetz abweichende Vereinbarung oder die Anpassung einer Vereinbarung verlangen, soweit ein Festhalten an der geltenden Regelung aus schwerwiegenden Gründen unter Berücksichtigung aller Umstände des Einzelfalls, insbesondere der Rechte und Interessen der anderen Wohnungseigentümer, unbillig erscheint.

(3) Vereinbarungen, durch die die Wohnungseigentümer ihr Verhältnis untereinander in Ergänzung oder Abweichung von Vorschriften dieses Gesetzes regeln, die Abänderung oder Aufhebung solcher Vereinbarungen sowie Beschlüsse, die aufgrund einer Vereinbarung gefasst werden, wirken gegen den Sondernachfolger eines Wohnungseigentümers nur, wenn sie als Inhalt des Sondereigentums im Grundbuch eingetragen sind. Im Übrigen bedürfen Beschlüsse zu ihrer Wirksamkeit gegen den Sondernachfolger eines Wohnungseigentümers nicht der Eintragung in das Grundbuch.

§ 11 Aufhebung der Gemeinschaft

(1) Kein Wohnungseigentümer kann die Aufhebung der Gemeinschaft verlangen. Dies gilt auch für eine Aufhebung aus wichtigem Grund. Eine abweichende Vereinbarung ist nur für den Fall zulässig, dass das Gebäude ganz oder teilweise zerstört wird und eine Verpflichtung zum Wiederaufbau nicht besteht.

(2) Das Recht eines Pfändungsgläubigers (§ 751 des Bürgerlichen Gesetzbuchs) sowie das im Insolvenzverfahren bestehende Recht (§ 84 Absatz 2 der Insolvenzordnung), die Aufhebung der Gemeinschaft zu verlangen, ist ausgeschlossen.

(3) Im Fall der Aufhebung der Gemeinschaft bestimmt sich der Anteil der Miteigentümer nach dem Verhältnis des Wertes ihrer Wohnungseigentumsrechte zur Zeit der Aufhebung der Gemeinschaft. Hat sich der Wert eines Miteigentumsanteils durch Maßnahmen verändert, deren Kosten der Wohnungseigentümer nicht getragen hat, so bleibt eine solche Veränderung bei der Berechnung des Wertes dieses Anteils außer Betracht.

§ 12 Veräußerungsbeschränkung

(1) Als Inhalt des Sondereigentums kann vereinbart werden, dass ein Wohnungseigentümer zur Veräußerung seines Wohnungseigentums der Zustimmung anderer Wohnungseigentümer oder eines Dritten bedarf.

(2) Die Zustimmung darf nur aus einem wichtigen Grund versagt werden. Durch Vereinbarung gemäß Absatz 1 kann dem Wohnungseigentümer darüber hinaus für bestimmte Fälle ein Anspruch auf Erteilung der Zustimmung eingeräumt werden.

(3) Ist eine Vereinbarung gemäß Absatz 1 getroffen, so ist eine Veräußerung des Wohnungseigentums und ein Vertrag, durch den sich der Wohnungseigentümer zu einer solchen Veräußerung verpflichtet, unwirksam, solange nicht die erforderliche Zustimmung erteilt ist. Einer rechtsgeschäftlichen Veräußerung steht eine Veräußerung im Wege der Zwangsvollstreckung oder durch den Insolvenzverwalter gleich.

(4) Die Wohnungseigentümer können beschließen, dass eine Veräußerungsbeschränkung gemäß Absatz 1 aufgehoben wird. Ist ein Beschluss gemäß Satz 1 gefasst, kann die Veräußerungsbeschränkung im Grundbuch gelöscht werden. § 7 Absatz 2 gilt entsprechend.

§ 13 Rechte des Wohnungseigentümers aus dem Sondereigentum

(1) Jeder Wohnungseigentümer kann, soweit nicht das Gesetz entgegensteht, mit seinem Sondereigentum nach Belieben verfahren, insbesondere dieses bewohnen, vermieten, verpachten oder in sonstiger Weise nutzen, und andere von Einwirkungen ausschließen.

(2) Für Maßnahmen, die über die ordnungsmäßige Instandhaltung und Instandsetzung (Erhaltung) des Sondereigentums hinausgehen, gilt § 20 mit der Maßgabe entsprechend, dass es keiner Gestattung bedarf, soweit keinem der anderen Wohnungseigentümer über das bei einem geordneten Zusammenleben unvermeidliche Maß hinaus ein Nachteil erwächst.

§ 14 Pflichten des Wohnungseigentümers

(1) Jeder Wohnungseigentümer ist gegenüber der Gemeinschaft der Wohnungseigentümer verpflichtet,

1. die gesetzlichen Regelungen, Vereinbarungen und Beschlüsse einzuhalten und

2. das Betreten seines Sondereigentums und andere Einwirkungen auf dieses und das gemeinschaftliche Eigentum zu dulden, die den Vereinbarungen oder Beschlüssen entsprechen oder, wenn keine entsprechenden Vereinbarungen oder Beschlüsse bestehen, aus denen ihm über das bei einem geordneten Zusammenleben unvermeidliche Maß hinaus kein Nachteil erwächst.

(2) Jeder Wohnungseigentümer ist gegenüber den übrigen Wohnungseigentümern verpflichtet,

1. deren Sondereigentum nicht über das in Absatz 1 Nummer 2 bestimmte Maß hinaus zu beeinträchtigen und

2. Einwirkungen nach Maßgabe des Absatzes 1 Nummer 2 zu dulden.

(3) Hat der Wohnungseigentümer eine Einwirkung zu dulden, die über das zumutbare Maß hinausgeht, kann er einen angemessenen Ausgleich in Geld verlangen.

§ 15 Pflichten Dritter

Wer Wohnungseigentum gebraucht, ohne Wohnungseigentümer zu sein, hat gegenüber der Gemeinschaft der Wohnungseigentümer und anderen Wohnungseigentümern zu dulden:

1. die Erhaltung des gemeinschaftlichen Eigentums und des Sondereigentums, die ihm rechtzeitig angekündigt wurde; § 555a Absatz 2 des Bürgerlichen Gesetzbuchs gilt entsprechend;

2. Maßnahmen, die über die Erhaltung hinausgehen, die spätestens drei Monate vor ihrem Beginn in Textform angekündigt wurden; § 555c Absatz 1 Satz 2 Nummer 1 und 2, Absatz 2 bis 4 und § 555d Absatz 2 bis 5 des Bürgerlichen Gesetzbuchs gelten entsprechend.

§ 16 Nutzungen und Kosten

(1) Jedem Wohnungseigentümer gebührt ein seinem Anteil entsprechender Bruchteil der Früchte des gemeinschaftlichen Eigentums und des Gemeinschaftsvermögens. Der Anteil bestimmt sich nach dem gemäß § 47 der Grundbuchordnung im Grundbuch eingetragenen Verhältnis der Miteigentumsanteile. Jeder Wohnungseigentümer ist zum Mitgebrauch des gemeinschaftlichen Eigentums nach Maßgabe des § 14 berechtigt.

(2) Die Kosten der Gemeinschaft der Wohnungseigentümer, insbesondere der Verwaltung und des gemeinschaftlichen Gebrauchs des gemeinschaftlichen Eigentums, hat jeder Wohnungseigentümer nach dem Verhältnis seines Anteils (Absatz 1 Satz 2) zu tragen. Die Wohnungseigentümer können für einzelne Kosten oder bestimmte Arten von Kosten eine von Satz 1 oder von einer Vereinbarung abweichende Verteilung beschließen.

(3) Für die Kosten und Nutzungen bei baulichen Veränderungen gilt § 21.

§ 17 Entziehung des Wohnungseigentums

(1) Hat ein Wohnungseigentümer sich einer so schweren Verletzung der ihm gegenüber anderen Wohnungseigentümern oder der Gemeinschaft der Wohnungseigentümer obliegenden Verpflichtungen schuldig gemacht, dass diesen die Fortsetzung der Gemeinschaft mit ihm nicht mehr zugemutet werden kann, so kann die Gemeinschaft der Wohnungseigentümer von ihm die Veräußerung seines Wohnungseigentums verlangen.

(2) Die Voraussetzungen des Absatzes 1 liegen insbesondere vor, wenn der Wohnungseigentümer trotz Abmahnung wiederholt gröblich gegen die ihm nach § 14 Absatz 1 und 2 obliegenden Pflichten verstößt.

(3) Der in Absatz 1 bestimmte Anspruch kann durch Vereinbarung der Wohnungseigentümer nicht eingeschränkt oder ausgeschlossen werden.

(4) Das Urteil, durch das ein Wohnungseigentümer zur Veräußerung seines Wohnungseigentums verurteilt wird, berechtigt zur Zwangsvollstreckung entsprechend den Vorschriften des Ersten Abschnitts des Gesetzes über die Zwangsversteigerung und die Zwangsverwaltung. Das Gleiche gilt für Schuldtitel im Sinne des § 794 der Zivilprozessordnung, durch die sich der Wohnungseigentümer zur Veräußerung seines Wohnungseigentums verpflichtet.

§ 18 Verwaltung und Benutzung

(1) Die Verwaltung des gemeinschaftlichen Eigentums obliegt der Gemeinschaft der Wohnungseigentümer.

(2) Jeder Wohnungseigentümer kann von der Gemeinschaft der Wohnungseigentümer

1. eine Verwaltung des gemeinschaftlichen Eigentums sowie

2. eine Benutzung des gemeinschaftlichen Eigentums und des Sondereigentumsverlangen, die dem Interesse der Gesamtheit der Wohnungseigentümer nach billigem Ermessen (ordnungsmäßige Verwaltung und Benutzung) und, soweit solche bestehen, den gesetzlichen Regelungen, Vereinbarungen und Beschlüssen entsprechen.

(3) Jeder Wohnungseigentümer ist berechtigt, ohne Zustimmung der anderen Wohnungseigentümer die Maßnahmen zu treffen, die zur Abwendung eines dem gemeinschaftlichen Eigentum unmittelbar drohenden Schadens notwendig sind.

(4) Jeder Wohnungseigentümer kann von der Gemeinschaft der Wohnungseigentümer Einsicht in die Verwaltungsunterlagen verlangen.

§ 19 Regelung der Verwaltung und Benutzung durch Beschluss

(1) Soweit die Verwaltung des gemeinschaftlichen Eigentums und die Benutzung des gemeinschaftlichen Eigentums und des Sondereigentums nicht durch Vereinbarung der Wohnungseigentümer geregelt sind, beschließen die Wohnungseigentümer eine ordnungsmäßige Verwaltung und Benutzung.

(2) Zur ordnungsmäßigen Verwaltung und Benutzung gehören insbesondere

1. die Aufstellung einer Hausordnung,

2. die ordnungsmäßige Erhaltung des gemeinschaftlichen Eigentums,

3. die angemessene Versicherung des gemeinschaftlichen Eigentums zum Neuwert sowie der Wohnungseigentümer gegen Haus- und Grundbesitzerhaftpflicht,

4. die Ansammlung einer angemessenen Erhaltungsrücklage,

5. die Festsetzung von Vorschüssen nach § 28 Absatz 1 Satz 1 sowie

6. die Bestellung eines zertifizierten Verwalters nach § 26a, es sei denn, es bestehen weniger als neun Sondereigentumsrechte, ein Wohnungseigentümer wurde zum Verwalter bestellt und weniger als ein Drittel der Wohnungseigentümer (§ 25 Absatz 2) verlangt die Bestellung eines zertifizierten Verwalters.

Fußnote

(+++ § 19 Abs. 2 Nr. 6: Zur Anwendung vgl. § 48 Abs. 4 F. 2020-10-22 +++)

§ 20 Bauliche Veränderungen

(1) Maßnahmen, die über die ordnungsmäßige Erhaltung des gemeinschaftlichen Eigentums hinausgehen (bauliche Veränderungen), können beschlossen oder einem Wohnungseigentümer durch Beschluss gestattet werden.

(2) Jeder Wohnungseigentümer kann angemessene bauliche Veränderungen verlangen, die

1. dem Gebrauch durch Menschen mit Behinderungen,

2. dem Laden elektrisch betriebener Fahrzeuge,

3. dem Einbruchsschutz und

4. dem Anschluss an ein Telekommunikationsnetz mit sehr hoher Kapazität dienen. Über die Durchführung ist im Rahmen ordnungsmäßiger Verwaltung zu beschließen.

(3) Unbeschadet des Absatzes 2 kann jeder Wohnungseigentümer verlangen, dass ihm eine bauliche Veränderung gestattet wird, wenn alle Wohnungseigentümer, deren Rechte durch die bauliche Veränderung über das bei einem geordneten Zusammenleben unvermeidliche Maß hinaus beeinträchtigt werden, einverstanden sind.

(4) Bauliche Veränderungen, die die Wohnanlage grundlegend umgestalten oder einen Wohnungseigentümer ohne sein Einverständnis gegenüber anderen unbillig benachteiligen, dürfen nicht beschlossen und gestattet werden; sie können auch nicht verlangt werden.

§ 21 Nutzungen und Kosten bei baulichen Veränderungen

(1) Die Kosten einer baulichen Veränderung, die einem Wohnungseigentümer gestattet oder die auf sein Verlangen nach § 20 Absatz 2 durch die Gemeinschaft der Wohnungseigentümer durchgeführt wurde, hat dieser Wohnungseigentümer zu tragen. Nur ihm gebühren die Nutzungen.

(2) Vorbehaltlich des Absatzes 1 haben alle Wohnungseigentümer die Kosten einer baulichen Veränderung nach dem Verhältnis ihrer Anteile (§ 16 Absatz 1 Satz 2) zu tragen,

1. die mit mehr als zwei Dritteln der abgegebenen Stimmen und der Hälfte aller Miteigentumsanteile beschlossen wurde, es sei denn, die bauliche Veränderung ist mit unverhältnismäßigen Kosten verbunden, oder

2. deren Kosten sich innerhalb eines angemessenen Zeitraums amortisieren.

Für die Nutzungen gilt § 16 Absatz 1.

(3) Die Kosten anderer als der in den Absätzen 1 und 2 bezeichneten baulichen Veränderungen haben die Wohnungseigentümer, die sie beschlossen haben, nach dem Verhältnis ihrer Anteile (§ 16 Absatz 1 Satz 2) zu tragen. Ihnen gebühren die Nutzungen entsprechend § 16 Absatz 1.

(4) Ein Wohnungseigentümer, der nicht berechtigt ist, Nutzungen zu ziehen, kann verlangen, dass ihm dies nach billigem Ermessen gegen angemessenen Ausgleich gestattet wird. Für seine Beteiligung an den Nutzungen und Kosten gilt Absatz 3 entsprechend.

(5) Die Wohnungseigentümer können eine abweichende Verteilung der Kosten und Nutzungen beschließen. Durch einen solchen Beschluss dürfen einem Wohnungseigentümer, der nach den vorstehenden Absätzen Kosten nicht zu tragen hat, keine Kosten auferlegt werden.

§ 22 Wiederaufbau

Ist das Gebäude zu mehr als der Hälfte seines Wertes zerstört und ist der Schaden nicht durch eine Versicherung oder in anderer Weise gedeckt, so kann der Wiederaufbau nicht beschlossen oder verlangt werden.

§ 23 Wohnungseigentümerversammlung

(1) Angelegenheiten, über die nach diesem Gesetz oder nach einer Vereinbarung der Wohnungseigentümer die Wohnungseigentümer durch Beschluss entscheiden können, werden durch Beschlussfassung in einer Versammlung der Wohnungseigentümer geordnet. Die Wohnungseigentümer können beschließen, dass Wohnungseigentümer an der Versammlung auch ohne Anwesenheit an deren Ort teilnehmen und sämtliche oder einzelne ihrer Rechte ganz oder teilweise im Wege elektronischer Kommunikation ausüben können.

(2) Zur Gültigkeit eines Beschlusses ist erforderlich, dass der Gegenstand bei der Einberufung bezeichnet ist.

(3) Auch ohne Versammlung ist ein Beschluss gültig, wenn alle Wohnungseigentümer ihre Zustimmung zu diesem Beschluss in Textform erklären. Die Wohnungseigentümer können beschließen, dass für einen einzelnen Gegenstand die Mehrheit der abgegebenen Stimmen genügt.

(4) Ein Beschluss, der gegen eine Rechtsvorschrift verstößt, auf deren Einhaltung rechtswirksam nicht verzichtet werden kann, ist nichtig. Im Übrigen ist ein Beschluss gültig, solange er nicht durch rechtskräftiges Urteil für ungültig erklärt ist.

§ 24 Einberufung, Vorsitz, Niederschrift

(1) Die Versammlung der Wohnungseigentümer wird von dem Verwalter mindestens einmal im Jahr einberufen.

(2) Die Versammlung der Wohnungseigentümer muss von dem Verwalter in den durch Vereinbarung der Wohnungseigentümer bestimmten Fällen, im Übrigen dann einberufen werden, wenn dies in Textform unter Angabe des Zwecks und der Gründe von mehr als einem Viertel der Wohnungseigentümer verlangt wird.

(3) Fehlt ein Verwalter oder weigert er sich pflichtwidrig, die Versammlung der Wohnungseigentümer einzuberufen, so kann die Versammlung auch durch den Vorsitzenden des Verwaltungsbeirats, dessen Vertreter oder einen durch Beschluss ermächtigten Wohnungseigentümer einberufen werden.

(4) Die Einberufung erfolgt in Textform. Die Frist der Einberufung soll, sofern nicht ein Fall besonderer Dringlichkeit vorliegt, mindestens drei Wochen betragen.

(5) Den Vorsitz in der Wohnungseigentümerversammlung führt, sofern diese nichts anderes beschließt, der Verwalter.

(6) Über die in der Versammlung gefassten Beschlüsse ist unverzüglich eine Niederschrift aufzunehmen. Die Niederschrift ist von dem Vorsitzenden und einem Wohnungseigentümer und, falls ein Verwaltungsbeirat bestellt ist, auch von dessen Vorsitzenden oder seinem Vertreter zu unterschreiben.

(7) Es ist eine Beschluss-Sammlung zu führen. Die Beschluss-Sammlung enthält nur den Wortlaut

1. der in der Versammlung der Wohnungseigentümer verkündeten Beschlüsse mit Angabe von Ort und Datum der Versammlung,

2. der schriftlichen Beschlüsse mit Angabe von Ort und Datum der Verkündung und

3. der Urteilsformeln der gerichtlichen Entscheidungen in einem Rechtsstreit gemäß § 43 mit Angabe ihres Datums, des Gerichts und der Parteien, soweit diese Beschlüsse und gerichtlichen Entscheidungen nach dem 1. Juli 2007 ergangen sind. Die Beschlüsse und gerichtlichen Entscheidungen sind fortlaufend einzutragen und zu nummerieren. Sind sie angefochten oder aufgehoben worden, so ist dies anzumerken. Im Fall einer Aufhebung kann von einer Anmerkung abgesehen und die Eintragung gelöscht werden. Eine Eintragung kann auch gelöscht werden, wenn sie aus einem anderen Grund für die Wohnungseigentümer keine Bedeutung mehr hat. Die Eintragungen, Vermerke und Löschungen gemäß den Sätzen 3 bis 6 sind unverzüglich zu erledigen und mit Datum zu versehen. Einem Wohnungseigentümer oder einem Dritten, den ein Wohnungseigentümer ermächtigt hat, ist auf sein Verlangen Einsicht in die Beschluss-Sammlung zu geben.

(8) Die Beschluss-Sammlung ist von dem Verwalter zu führen. Fehlt ein Verwalter, so ist der Vorsitzende der Wohnungseigentümerversammlung verpflichtet, die Beschluss-Sammlung zu führen, sofern die Wohnungseigentümer durch Stimmenmehrheit keinen anderen für diese Aufgabe bestellt haben.

§ 25 Beschlussfassung

(1) Bei der Beschlussfassung entscheidet die Mehrheit der abgegebenen Stimmen.

(2) Jeder Wohnungseigentümer hat eine Stimme. Steht ein Wohnungseigentum mehreren gemeinschaftlich zu, so können sie das Stimmrecht nur einheitlich ausüben.

(3) Vollmachten bedürfen zu ihrer Gültigkeit der Textform.

(4) Ein Wohnungseigentümer ist nicht stimmberechtigt, wenn die Beschlussfassung die Vornahme eines auf die Verwaltung des gemeinschaftlichen Eigentums bezüglichen Rechtsgeschäfts mit ihm oder die Einleitung oder Erledigung eines Rechtsstreits gegen ihn betrifft oder wenn er nach § 17 rechtskräftig verurteilt ist.

§ 26 Bestellung und Abberufung des Verwalters

(1) Über die Bestellung und Abberufung des Verwalters beschließen die Wohnungseigentümer.

(2) Die Bestellung kann auf höchstens fünf Jahre vorgenommen werden, im Fall der ersten Bestellung nach der Begründung von Wohnungseigentum aber auf höchstens drei Jahre. Die

wiederholte Bestellung ist zulässig; sie bedarf eines erneuten Beschlusses der Wohnungseigentümer, der frühestens ein Jahr vor Ablauf der Bestellungszeit gefasst werden kann.

(3) Der Verwalter kann jederzeit abberufen werden. Ein Vertrag mit dem Verwalter endet spätestens sechs Monate nach dessen Abberufung.

(4) Soweit die Verwaltereigenschaft durch eine öffentlich beglaubigte Urkunde nachgewiesen werden muss, genügt die Vorlage einer Niederschrift über den Bestellungsbeschluss, bei der die Unterschriften der in § 24 Absatz 6 bezeichneten Personen öffentlich beglaubigt sind.

(5) Abweichungen von den Absätzen 1 bis 3 sind nicht zulässig.

§ 26a Zertifizierter Verwalter

(1) Als zertifizierter Verwalter darf sich bezeichnen, wer vor einer Industrie- und Handelskammer durch eine Prüfung nachgewiesen hat, dass er über die für die Tätigkeit als Verwalter notwendigen rechtlichen, kaufmännischen und technischen Kenntnisse verfügt.

(2) Das Bundesministerium der Justiz und für Verbraucherschutz wird ermächtigt, durch Rechtsverordnung nähere Bestimmungen über die Prüfung zum zertifizierten Verwalter zu erlassen. In der Rechtsverordnung nach Satz 1 können insbesondere festgelegt werden:

1. nähere Bestimmungen zu Inhalt und Verfahren der Prüfung;

2. Bestimmungen über das zu erteilende Zertifikat;

3. Voraussetzungen, unter denen sich juristische Personen und Personengesellschaften als zertifizierte Verwalter bezeichnen dürfen;

4. Bestimmungen, wonach Personen aufgrund anderweitiger Qualifikationen von der Prüfung befreit sind, insbesondere weil sie die Befähigung zum Richteramt, einen Hochschulabschluss mit immobilienwirtschaftlichem Schwerpunkt, eine abgeschlossene Berufsausbildung zum Immobilienkaufmann oder zur Immobilienkauffrau oder einen vergleichbaren Berufsabschluss besitzen.

§ 27 Aufgaben und Befugnisse des Verwalters

(1) Der Verwalter ist gegenüber der Gemeinschaft der Wohnungseigentümer berechtigt und verpflichtet, die Maßnahmen ordnungsmäßiger Verwaltung zu treffen, die

1. untergeordnete Bedeutung haben und nicht zu erheblichen Verpflichtungen führen oder

2. zur Wahrung einer Frist oder zur Abwendung eines Nachteils erforderlich sind.

(2) Die Wohnungseigentümer können die Rechte und Pflichten nach Absatz 1 durch Beschluss einschränken oder erweitern.

§ 28 Wirtschaftsplan, Jahresabrechnung, Vermögensbericht

(1) Die Wohnungseigentümer beschließen über die Vorschüsse zur Kostentragung und zu den nach § 19 Absatz 2 Nummer 4 oder durch Beschluss vorgesehenen Rücklagen. Zu diesem Zweck

hat der Verwalter jeweils für ein Kalenderjahr einen Wirtschaftsplan aufzustellen, der darüber hinaus die voraussichtlichen Einnahmen und Ausgaben enthält.

(2) Nach Ablauf des Kalenderjahres beschließen die Wohnungseigentümer über die Einforderung von Nachschüssen oder die Anpassung der beschlossenen Vorschüsse. Zu diesem Zweck hat der Verwalter eine Abrechnung über den Wirtschaftsplan (Jahresabrechnung) aufzustellen, die darüber hinaus die Einnahmen und Ausgaben enthält.

(3) Die Wohnungseigentümer können beschließen, wann Forderungen fällig werden und wie sie zu erfüllen sind.

(4) Der Verwalter hat nach Ablauf eines Kalenderjahres einen Vermögensbericht zu erstellen, der den Stand der in Absatz 1 Satz 1 bezeichneten Rücklagen und eine Aufstellung des wesentlichen Gemeinschaftsvermögens enthält. Der Vermögensbericht ist jedem Wohnungseigentümer zur Verfügung zu stellen.

§ 29 Verwaltungsbeirat

(1) Wohnungseigentümer können durch Beschluss zum Mitglied des Verwaltungsbeirats bestellt werden. Hat der Verwaltungsbeirat mehrere Mitglieder, ist ein Vorsitzender und ein Stellvertreter zu bestimmen. Der Verwaltungsbeirat wird von dem Vorsitzenden nach Bedarf einberufen.

(2) Der Verwaltungsbeirat unterstützt und überwacht den Verwalter bei der Durchführung seiner Aufgaben. Der Wirtschaftsplan und die Jahresabrechnung sollen, bevor die Beschlüsse nach § 28 Absatz 1 Satz 1 und Absatz 2 Satz 1 gefasst werden, vom Verwaltungsbeirat geprüft und mit dessen Stellungnahme versehen werden.

(3) Sind Mitglieder des Verwaltungsbeirats unentgeltlich tätig, haben sie nur Vorsatz und grobe Fahrlässigkeit zu vertreten.

Abschnitt 5

Wohnungserbbaurecht

§ 30 Wohnungserbbaurecht

(1) Steht ein Erbbaurecht mehreren gemeinschaftlich nach Bruchteilen zu, so können die Anteile in der Weise beschränkt werden, dass jedem der Mitberechtigten das Sondereigentum an einer bestimmten Wohnung oder an nicht zu Wohnzwecken dienenden bestimmten Räumen in einem auf Grund des Erbbaurechts errichteten oder zu errichtenden Gebäude eingeräumt wird (Wohnungserbbaurecht, Teilerbbaurecht).

(2) Ein Erbbauberechtigter kann das Erbbaurecht in entsprechender Anwendung des § 8 teilen.

(3) Für jeden Anteil wird von Amts wegen ein besonderes Erbbaugrundbuchblatt angelegt (Wohnungserbbaugrundbuch, Teilerbbaugrundbuch). Im Übrigen gelten für das Wohnungserbbaurecht (Teilerbbaurecht) die Vorschriften über das Wohnungseigentum (Teileigentum) entsprechend.

Teil 2

Dauerwohnrecht

§ 31 Begriffsbestimmungen

(1) Ein Grundstück kann in der Weise belastet werden, dass derjenige, zu dessen Gunsten die Belastung erfolgt, berechtigt ist, unter Ausschluss des Eigentümers eine bestimmte Wohnung in einem auf dem Grundstück errichteten oder zu errichtenden Gebäude zu bewohnen oder in anderer Weise zu nutzen (Dauerwohnrecht). Das Dauerwohnrecht kann auf einen außerhalb des Gebäudes liegenden Teil des Grundstücks erstreckt werden, sofern die Wohnung wirtschaftlich die Hauptsache bleibt.

(2) Ein Grundstück kann in der Weise belastet werden, dass derjenige, zu dessen Gunsten die Belastung erfolgt, berechtigt ist, unter Ausschluss des Eigentümers nicht zu Wohnzwecken dienende bestimmte Räume in einem auf dem Grundstück errichteten oder zu errichtenden Gebäude zu nutzen (Dauernutzungsrecht).

(3) Für das Dauernutzungsrecht gelten die Vorschriften über das Dauerwohnrecht entsprechend.

§ 32 Voraussetzungen der Eintragung

(1) Das Dauerwohnrecht soll nur bestellt werden, wenn die Wohnung in sich abgeschlossen ist.

(2) Zur näheren Bezeichnung des Gegenstands und des Inhalts des Dauerwohnrechts kann auf die Eintragungsbewilligung Bezug genommen werden. Der Eintragungsbewilligung sind als Anlagen beizufügen:

1. eine von der Baubehörde mit Unterschrift und Siegel oder Stempel versehene Bauzeichnung, aus der die Aufteilung des Gebäudes sowie die Lage und Größe der dem Dauerwohnrecht unterliegenden Gebäude- und Grundstücksteile ersichtlich ist (Aufteilungsplan); alle zu demselben Dauerwohnrecht gehörenden Einzelräume sind mit der jeweils gleichen Nummer zu kennzeichnen;

2. eine Bescheinigung der Baubehörde, dass die Voraussetzungen des Absatzes 1 vorliegen. Wenn in der Eintragungsbewilligung für die einzelnen Dauerwohnrechte Nummern angegeben werden, sollen sie mit denen des Aufteilungsplans übereinstimmen.

(3) Das Grundbuchamt soll die Eintragung des Dauerwohnrechts ablehnen, wenn über die in § 33 Absatz 4 Nummer 1 bis 4 bezeichneten Angelegenheiten, über die Voraussetzungen des Heimfallanspruchs (§ 36 Absatz 1) und über die Entschädigung beim Heimfall (§ 36 Absatz 4) keine Vereinbarungen getroffen sind.

§ 33 Inhalt des Dauerwohnrechts

(1) Das Dauerwohnrecht ist veräußerlich und vererblich. Es kann nicht unter einer Bedingung bestellt werden.

(2) Auf das Dauerwohnrecht sind, soweit nicht etwas anderes vereinbart ist, die Vorschriften des § 14 entsprechend anzuwenden.

(3) Der Berechtigte kann die zum gemeinschaftlichen Gebrauch bestimmten Teile, Anlagen und Einrichtungen des Gebäudes und Grundstücks mitbenutzen, soweit nichts anderes vereinbart ist.

(4) Als Inhalt des Dauerwohnrechts können Vereinbarungen getroffen werden über:

1. Art und Umfang der Nutzungen;

2. Instandhaltung und Instandsetzung der dem Dauerwohnrecht unterliegenden Gebäudeteile;

3. die Pflicht des Berechtigten zur Tragung öffentlicher oder privatrechtlicher Lasten des Grundstücks;

4. die Versicherung des Gebäudes und seinen Wiederaufbau im Fall der Zerstörung;

5. das Recht des Eigentümers, bei Vorliegen bestimmter Voraussetzungen Sicherheitsleistung zu verlangen.

§ 34 Ansprüche des Eigentümers und der Dauerwohnberechtigten

(1) Auf die Ersatzansprüche des Eigentümers wegen Veränderungen oder Verschlechterungen sowie auf die Ansprüche der Dauerwohnberechtigten auf Ersatz von Verwendungen oder auf Gestattung der Wegnahme einer Einrichtung sind die §§ 1049, 1057 des Bürgerlichen Gesetzbuchs entsprechend anzuwenden.

(2) Wird das Dauerwohnrecht beeinträchtigt, so sind auf die Ansprüche des Berechtigten die für die Ansprüche aus dem Eigentum geltenden Vorschriften entsprechend anzuwenden.

§ 35 Veräußerungsbeschränkung

Als Inhalt des Dauerwohnrechts kann vereinbart werden, dass der Berechtigte zur Veräußerung des Dauerwohnrechts der Zustimmung des Eigentümers oder eines Dritten bedarf. Die Vorschriften des § 12 gelten in diesem Fall entsprechend.

§ 36 Heimfallanspruch

(1) Als Inhalt des Dauerwohnrechts kann vereinbart werden, dass der Berechtigte verpflichtet ist, das Dauerwohnrecht beim Eintritt bestimmter Voraussetzungen auf den Grundstückseigentümer oder einen von diesem zu bezeichnenden Dritten zu übertragen (Heimfallanspruch). Der Heimfallanspruch kann nicht von dem Eigentum an dem Grundstück getrennt werden.

(2) Bezieht sich das Dauerwohnrecht auf Räume, die dem Mieterschutz unterliegen, so kann der Eigentümer von dem Heimfallanspruch nur Gebrauch machen, wenn ein Grund vorliegt, aus dem ein Vermieter die Aufhebung des Mietverhältnisses verlangen oder kündigen kann.

(3) Der Heimfallanspruch verjährt in sechs Monaten von dem Zeitpunkt an, in dem der Eigentümer von dem Eintritt der Voraussetzungen Kenntnis erlangt, ohne Rücksicht auf diese Kenntnis in zwei Jahren von dem Eintritt der Voraussetzungen an.

(4) Als Inhalt des Dauerwohnrechts kann vereinbart werden, dass der Eigentümer dem Berechtigten eine Entschädigung zu gewähren hat, wenn er von dem Heimfallanspruch Gebrauch macht. Als Inhalt des Dauerwohnrechts können Vereinbarungen über die Berechnung oder Höhe der Entschädigung oder die Art ihrer Zahlung getroffen werden.

§ 37 Vermietung

(1) Hat der Dauerwohnberechtigte die dem Dauerwohnrecht unterliegenden Gebäude- oder Grundstücksteile vermietet oder verpachtet, so erlischt das Miet- oder Pachtverhältnis, wenn das Dauerwohnrecht erlischt.

(2) Macht der Eigentümer von seinem Heimfallanspruch Gebrauch, so tritt er oder derjenige, auf den das Dauerwohnrecht zu übertragen ist, in das Miet- oder Pachtverhältnis ein; die Vorschriften der §§ 566 bis 566e des Bürgerlichen Gesetzbuchs gelten entsprechend.

(3) Absatz 2 gilt entsprechend, wenn das Dauerwohnrecht veräußert wird. Wird das Dauerwohnrecht im Wege der Zwangsvollstreckung veräußert, so steht dem Erwerber ein Kündigungsrecht in entsprechender Anwendung des § 57a des Gesetzes über die Zwangsversteigerung und die Zwangsverwaltung zu.

§ 38 Eintritt in das Rechtsverhältnis

(1) Wird das Dauerwohnrecht veräußert, so tritt der Erwerber an Stelle des Veräußerers in die sich während der Dauer seiner Berechtigung aus dem Rechtsverhältnis zu dem Eigentümer ergebenden Verpflichtungen ein.

(2) Wird das Grundstück veräußert, so tritt der Erwerber an Stelle des Veräußerers in die sich während der Dauer seines Eigentums aus dem Rechtsverhältnis zu dem Dauerwohnberechtigten ergebenden Rechte ein. Das Gleiche gilt für den Erwerb auf Grund Zuschlags in der Zwangsversteigerung, wenn das Dauerwohnrecht durch den Zuschlag nicht erlischt.

§ 39 Zwangsversteigerung

(1) Als Inhalt des Dauerwohnrechts kann vereinbart werden, dass das Dauerwohnrecht im Fall der Zwangsversteigerung des Grundstücks abweichend von § 44 des Gesetzes über die Zwangsversteigerung und die Zwangsverwaltung auch dann bestehen bleiben soll, wenn der Gläubiger einer dem Dauerwohnrecht im Rang vorgehenden oder gleichstehenden Hypothek, Grundschuld, Rentenschuld oder Reallast die Zwangsversteigerung in das Grundstück betreibt.

(2) Eine Vereinbarung gemäß Absatz 1 bedarf zu ihrer Wirksamkeit der Zustimmung derjenigen, denen eine dem Dauerwohnrecht im Rang vorgehende oder gleichstehende Hypothek, Grundschuld, Rentenschuld oder Reallast zusteht.

(3) Eine Vereinbarung gemäß Absatz 1 ist nur wirksam für den Fall, dass der Dauerwohnberechtigte im Zeitpunkt der Feststellung der Versteigerungsbedingungen seine fälligen Zahlungsverpflichtungen gegenüber dem Eigentümer erfüllt hat; in Ergänzung einer Vereinbarung nach Absatz 1 kann vereinbart werden, dass das Fortbestehen des Dauerwohnrechts vom Vorliegen weiterer Voraussetzungen abhängig ist.

§ 40 Haftung des Entgelts

(1) Hypotheken, Grundschulden, Rentenschulden und Reallasten, die dem Dauerwohnrecht im Rang vorgehen oder gleichstehen, sowie öffentliche Lasten, die in wiederkehrenden Leistungen bestehen, erstrecken sich auf den Anspruch auf das Entgelt für das Dauerwohnrecht in gleicher Weise wie auf eine Mietforderung, soweit nicht in Absatz 2 etwas Abweichendes bestimmt ist. Im Übrigen sind die für Mietforderungen geltenden Vorschriften nicht entsprechend anzuwenden.

(2) Als Inhalt des Dauerwohnrechts kann vereinbart werden, dass Verfügungen über den Anspruch auf das Entgelt, wenn es in wiederkehrenden Leistungen ausbedungen ist, gegenüber dem Gläubiger einer dem Dauerwohnrecht im Rang vorgehenden oder gleichstehenden Hypothek, Grundschuld, Rentenschuld oder Reallast wirksam sind. Für eine solche Vereinbarung gilt § 39 Absatz 2 entsprechend.

§ 41 Besondere Vorschriften für langfristige Dauerwohnrechte

(1) Für Dauerwohnrechte, die zeitlich unbegrenzt oder für einen Zeitraum von mehr als zehn Jahren eingeräumt sind, gelten die besonderen Vorschriften der Absätze 2 und 3.

(2) Der Eigentümer ist, sofern nicht etwas anderes vereinbart ist, dem Dauerwohnberechtigten gegenüber verpflichtet, eine dem Dauerwohnrecht im Rang vorgehende oder gleichstehende Hypothek löschen zu lassen für den Fall, dass sie sich mit dem Eigentum in einer Person vereinigt, und die Eintragung einer entsprechenden Löschungsvormerkung in das Grundbuch zu bewilligen.

(3) Der Eigentümer ist verpflichtet, dem Dauerwohnberechtigten eine angemessene Entschädigung zu gewähren, wenn er von dem Heimfallanspruch Gebrauch macht.

§ 42 Belastung eines Erbbaurechts

(1) Die Vorschriften der §§ 31 bis 41 gelten für die Belastung eines Erbbaurechts mit einem Dauerwohnrecht entsprechend.

(2) Beim Heimfall des Erbbaurechts bleibt das Dauerwohnrecht bestehen.

Teil 3

Verfahrensvorschriften

§ 43 Zuständigkeit

(1) Die Gemeinschaft der Wohnungseigentümer hat ihren allgemeinen Gerichtsstand bei dem Gericht, in dessen Bezirk das Grundstück liegt. Bei diesem Gericht kann auch die Klage gegen Wohnungseigentümer im Fall des § 9a Absatz 4 Satz 1 erhoben werden.

(2) Das Gericht, in dessen Bezirk das Grundstück liegt, ist ausschließlich zuständig für

1. Streitigkeiten über die Rechte und Pflichten der Wohnungseigentümer untereinander,

2. Streitigkeiten über die Rechte und Pflichten zwischen der Gemeinschaft der Wohnungseigentümer und Wohnungseigentümern,

3. Streitigkeiten über die Rechte und Pflichten des Verwalters einschließlich solcher über Ansprüche eines Wohnungseigentümers gegen den Verwalter sowie

4. Beschlussklagen gemäß § 44.

§ 44 Beschlussklagen

(1) Das Gericht kann auf Klage eines Wohnungseigentümers einen Beschluss für ungültig erklären (Anfechtungsklage) oder seine Nichtigkeit feststellen (Nichtigkeitsklage). Unterbleibt eine notwendige Beschlussfassung, kann das Gericht auf Klage eines Wohnungseigentümers den Beschluss fassen (Beschlussersetzungsklage).

(2) Die Klagen sind gegen die Gemeinschaft der Wohnungseigentümer zu richten. Der Verwalter hat den Wohnungseigentümern die Erhebung einer Klage unverzüglich bekannt zu machen. Mehrere Prozesse sind zur gleichzeitigen Verhandlung und Entscheidung zu verbinden.

(3) Das Urteil wirkt für und gegen alle Wohnungseigentümer, auch wenn sie nicht Partei sind.

(4) Die durch eine Nebenintervention verursachten Kosten gelten nur dann als notwendig zur zweckentsprechenden Rechtsverteidigung im Sinne des § 91 der Zivilprozessordnung, wenn die Nebenintervention geboten war.

§ 45 Fristen der Anfechtungsklage

Die Anfechtungsklage muss innerhalb eines Monats nach der Beschlussfassung erhoben und innerhalb zweier Monate nach der Beschlussfassung begründet werden. Die §§ 233 bis 238 der Zivilprozessordnung gelten entsprechend.

Teil 4

Ergänzende Bestimmungen

§ 46 Veräußerung ohne erforderliche Zustimmung

Fehlt eine nach § 12 erforderliche Zustimmung, so sind die Veräußerung und das zugrundeliegende Verpflichtungsgeschäft unbeschadet der sonstigen Voraussetzungen wirksam, wenn die Eintragung der Veräußerung oder einer Auflassungsvormerkung in das Grundbuch vor dem 15. Januar 1994 erfolgt ist und es sich um die erstmalige Veräußerung dieses Wohnungseigentums nach seiner Begründung handelt, es sei denn, dass eine rechtskräftige gerichtliche Entscheidung entgegensteht. Das Fehlen der Zustimmung steht in diesen Fällen dem Eintritt der Rechtsfolgen des § 878 Bürgerlichen Gesetzbuchs nicht entgegen. Die Sätze 1 und 2 gelten entsprechend in den Fällen der §§ 30 und 35 des Wohnungseigentumsgesetzes.

§ 47 Auslegung von Altvereinbarungen

Vereinbarungen, die vor dem 1. Dezember 2020 getroffen wurden und die von solchen Vorschriften dieses Gesetzes abweichen, die durch das Wohnungseigentumsmodernisierungsgesetz vom 16. Oktober 2020 (BGBl. I S. 2187) geändert wurden, stehen der Anwendung dieser Vorschriften in der vom 1. Dezember 2020 an geltenden

Fassung nicht entgegen, soweit sich aus der Vereinbarung nicht ein anderer Wille ergibt. Ein solcher Wille ist in der Regel nicht anzunehmen.

§ 48 Übergangsvorschriften

(1) § 5 Absatz 4, § 7 Absatz 2 und § 10 Absatz 3 in der vom 1. Dezember 2020 an geltenden Fassung gelten auch für solche Beschlüsse, die vor diesem Zeitpunkt gefasst oder durch gerichtliche Entscheidung ersetzt wurden. Abweichend davon bestimmt sich die Wirksamkeit eines Beschlusses im Sinne des Satzes 1 gegen den Sondernachfolger eines Wohnungseigentümers nach § 10 Absatz 4 in der vor dem 1. Dezember 2020 geltenden Fassung, wenn die Sondernachfolge bis zum 31. Dezember 2025 eintritt. Jeder Wohnungseigentümer kann bis zum 31. Dezember 2025 verlangen, dass ein Beschluss im Sinne des Satzes 1 erneut gefasst wird; § 204 Absatz 1 Nummer 1 des Bürgerlichen Gesetzbuchs gilt entsprechend.

(2) § 5 Absatz 4 Satz 3 gilt in der vor dem 1. Dezember 2020 geltenden Fassung weiter für Vereinbarungen und Beschlüsse, die vor diesem Zeitpunkt getroffen oder gefasst wurden, und zu denen vor dem 1. Dezember 2020 alle Zustimmungen erteilt wurden, die nach den vor diesem Zeitpunkt geltenden Vorschriften erforderlich waren.

(3) § 7 Absatz 3 Satz 2 gilt auch für Vereinbarungen und Beschlüsse, die vor dem 1. Dezember 2020 getroffen oder gefasst wurden. Ist eine Vereinbarung oder ein Beschluss im Sinne des Satzes 1 entgegen der Vorgabe des § 7 Absatz 3 Satz 2 nicht ausdrücklich im Grundbuch eingetragen, erfolgt die ausdrückliche Eintragung in allen Wohnungsgrundbüchern nur auf Antrag eines Wohnungseigentümers oder der Gemeinschaft der Wohnungseigentümer. Ist die Haftung von Sondernachfolgern für Geldschulden entgegen der Vorgabe des § 7 Absatz 3 Satz 2 nicht ausdrücklich im Grundbuch eingetragen, lässt dies die Wirkung gegen den Sondernachfolger eines Wohnungseigentümers unberührt, wenn die Sondernachfolge bis zum 31. Dezember 2025 eintritt.

(4) § 19 Absatz 2 Nummer 6 ist ab dem 1. Dezember 2022 anwendbar. Eine Person, die am 1. Dezember 2020 Verwalter einer Gemeinschaft der Wohnungseigentümer war, gilt gegenüber den Wohnungseigentümern dieser Gemeinschaft der Wohnungseigentümer bis zum 1. Juni 2024 als zertifizierter Verwalter.

(5) Für die bereits vor dem 1. Dezember 2020 bei Gericht anhängigen Verfahren sind die Vorschriften des dritten Teils dieses Gesetzes in ihrer bis dahin geltenden Fassung weiter anzuwenden.

§ 49 Überleitung bestehender Rechtsverhältnisse

(1) Werden Rechtsverhältnisse, mit denen ein Rechtserfolg bezweckt wird, der den durch dieses Gesetz geschaffenen Rechtsformen entspricht, in solche Rechtsformen umgewandelt, so ist als Geschäftswert für die Berechnung der hierdurch veranlassten Gebühren der Gerichte und Notare im Fall des Wohnungseigentums ein Fünfundzwanzigstel des Einheitswerts des Grundstückes, im Falle des Dauerwohnrechtes ein Fünfundzwanzigstel des Wertes des Rechts anzunehmen.

(2) Durch Landesgesetz können Vorschriften zur Überleitung bestehender, auf Landesrecht beruhender Rechtsverhältnisse in die durch dieses Gesetz geschaffenen Rechtsformen getroffen werden.

– 29 –

MAKLER- UND BAUTRÄGERVERORDNUNG
MaBV

Verordnung über die Pflichten der Immobilienmakler, Darlehensvermittler, Bauträger, Baubetreuer und Wohnimmobilienverwalter

MaBV

Ausfertigungsdatum: 20.06.1974

Vollzitat:

"Makler- und Bauträgerverordnung in der Fassung der Bekanntmachung vom 7. November 1990 (BGBl. I S. 2479), die zuletzt durch Artikel 1 der Verordnung vom 9. Mai 2018 (BGBl. I S. 550) geändert worden ist"

Stand: Neugefasst durch Bek. v. 7.11.1990 I 2479;

zuletzt geändert durch Art. 1 V v. 9.5.2018 I 550

§ 1 Anwendungsbereich

(1) Diese Verordnung gilt für Gewerbetreibende, die Tätigkeiten nach § 34c Absatz 1 der Gewerbeordnung ausüben, unabhängig vom Bestehen einer Erlaubnispflicht.

(2) Diese Verordnung gilt nicht, soweit § 34c Absatz 5 der Gewerbeordnung anzuwenden ist. Sie gilt zudem nicht für Gewerbetreibende, die

1. als Versicherungs- oder Bausparkassenvertreter im Rahmen ihrer Tätigkeit für ein der Aufsicht der Bundesanstalt für Finanzdienstleistungsaufsicht unterliegendes Versicherungs- oder Bausparunternehmen den Abschluss von Verträgen über Darlehen vermitteln oder die Gelegenheit zum Abschluss solcher Verträge nachweisen oder

2. als Wohnimmobilienverwalter nach § 34c Absatz 1 Satz 1 Nummer 4 der Gewerbeordnung tätig sind, mit Ausnahme der §§ 9, 11, 15 bis 15b, 18 Absatz 1 Nummer 6, 8, 11, 11a, Absatz 2 und 3 und § 19.

§ 2 Sicherheitsleistung, Versicherung

(1) Bevor der Gewerbetreibende zur Ausführung des Auftrages Vermögenswerte des Auftraggebers erhält oder zu deren Verwendung ermächtigt wird, hat er dem Auftraggeber in Höhe dieser Vermögenswerte Sicherheit zu leisten oder eine zu diesem Zweck geeignete Versicherung abzuschließen; dies gilt nicht in den Fällen des § 34c Absatz 1 Satz 1 Nummer 3 Buchstabe a der Gewerbeordnung, sofern dem Auftraggeber Eigentum an einem Grundstück übertragen oder ein Erbbaurecht bestellt oder übertragen werden soll. Zu sichern sind Schadensersatzansprüche des Auftraggebers wegen etwaiger von dem Gewerbetreibenden und den Personen, die er zur Verwendung der Vermögenswerte ermächtigt hat, vorsätzlich

begangener unerlaubter Handlungen, die sich gegen die in Satz 1 bezeichneten Vermögenswerte richten.

(2) Die Sicherheit kann nur durch die Stellung eines Bürgen geleistet werden. Als Bürge können nur Körperschaften des öffentlichen Rechts mit Sitz im Geltungsbereich dieser Verordnung, Kreditinstitute, die im Inland zum Geschäftsbetrieb befugt sind, sowie Versicherungsunternehmen bestellt werden, die zum Betrieb der Bürgschaftsversicherung im Inland befugt sind. Die Bürgschaftserklärung muß den Verzicht auf die Einrede der Vorausklage enthalten. Die Bürgschaft darf nicht vor dem Zeitpunkt ablaufen, der sich aus Absatz 5 ergibt.

(3) Versicherungen sind nur dann im Sinne des Absatzes 1 geeignet, wenn

1. das Versicherungsunternehmen zum Betrieb der Vertrauensschadensversicherung im Inland befugt ist und

2. die allgemeinen Versicherungsbedingungen dem Zweck dieser Verordnung gerecht werden, insbesondere den Auftraggeber aus dem Versicherungsvertrag auch in den Fällen des Insolvenzverfahrens des Gewerbetreibenden unmittelbar berechtigen.

(4) Sicherheiten und Versicherungen können nebeneinander geleistet und abgeschlossen werden. Sie können für jeden einzelnen Auftrag oder für mehrere gemeinsam geleistet oder abgeschlossen werden. Der Gewerbetreibende hat dem Auftraggeber die zur unmittelbaren Inanspruchnahme von Sicherheiten und Versicherungen erforderlichen Urkunden auszuhändigen, bevor er Vermögenswerte des Auftraggebers erhält oder zu deren Verwendung ermächtigt wird.

(5) Die Sicherheiten und Versicherungen sind aufrechtzuerhalten

1. in den Fällen des § 34c Absatz 1 Satz 1 Nummer 1 und 2 der Gewerbeordnung, bis der Gewerbetreibende die Vermögenswerte an den in dem Auftrag bestimmten Empfänger übermittelt hat,

2. in den Fällen des § 34c Absatz 1 Satz 1 Nummer 3 Buchstabe a der Gewerbeordnung, sofern ein Nutzungsverhältnis begründet werden soll, bis zur Einräumung des Besitzes und Begründung des Nutzungsverhältnisses,

3. in den Fällen des § 34c Absatz 1 Satz 1 Nummer 3 Buchstabe b der Gewerbeordnung bis zur Rechnungslegung; sofern die Rechnungslegungspflicht gemäß § 8 Abs. 2 entfällt, endet die Sicherungspflicht mit der vollständigen Fertigstellung des Bauvorhabens.

Erhält der Gewerbetreibende Vermögenswerte des Auftraggebers in Teilbeträgen, oder wird er ermächtigt, hierüber in Teilbeträgen zu verfügen, endet die Verpflichtung aus Absatz 1 Satz 1, erster Halbsatz, in bezug auf die Teilbeträge, sobald er dem Auftraggeber die ordnungsgemäße Verwendung dieser Vermögenswerte nachgewiesen hat; die Sicherheiten und Versicherungen für den letzten Teilbetrag sind bis zu dem in Satz 1 bestimmten Zeitpunkt aufrechtzuerhalten.

(6) Soweit nach den Absätzen 2 und 3 eine Bürgschaft oder Versicherung verlangt wird, ist von Gewerbetreibenden aus einem anderen Mitgliedstaat der Europäischen Union oder einem anderen Vertragsstaat des Abkommens über den Europäischen Wirtschaftsraum als Nachweis eine Bescheinigung über den Abschluss einer Bürgschaft oder Versicherung als hinreichend anzuerkennen, die von einem Kreditinstitut oder einem Versicherungsunternehmen in einem

anderen Mitgliedstaat oder Vertragsstaat ausgestellt wurde, sofern die in diesem Staat abgeschlossene Versicherung im Wesentlichen vergleichbar ist zu der, die von in Deutschland niedergelassenen Gewerbetreibenden verlangt wird, und zwar hinsichtlich der Zweckbestimmung, der vorgesehenen Deckung bezüglich des versicherten Risikos, der Versicherungssumme und möglicher Ausnahmen von der Deckung. Bei nur teilweiser Gleichwertigkeit kann eine zusätzliche Sicherheit verlangt werden, die die nicht gedeckten Risiken absichert.

§ 3 Besondere Sicherungspflichten für Bauträger

(1) Der Gewerbetreibende darf in den Fällen des § 34c Absatz 1 Satz 1 Nummer 3 Buchstabe a der Gewerbeordnung, sofern dem Auftraggeber Eigentum an einem Grundstück übertragen oder ein Erbbaurecht bestellt oder übertragen werden soll, Vermögenswerte des Auftraggebers zur Ausführung des Auftrages erst entgegennehmen oder sich zu deren Verwendung ermächtigen lassen, wenn

1. der Vertrag zwischen dem Gewerbetreibenden und dem Auftraggeber rechtswirksam ist und die für seinen Vollzug erforderlichen Genehmigungen vorliegen, diese Voraussetzungen durch eine schriftliche Mitteilung des Notars bestätigt und dem Gewerbetreibenden keine vertraglichen Rücktrittsrechte eingeräumt sind,

2. zur Sicherung des Anspruchs des Auftraggebers auf Eigentumsübertragung oder Bestellung oder Übertragung eines Erbbaurechts an dem Vertragsobjekt eine Vormerkung an der vereinbarten Rangstelle im Grundbuch eingetragen ist; bezieht sich der Anspruch auf Wohnungs- oder Teileigentum oder ein Wohnungs- oder Teilerbbaurecht, so muß außerdem die Begründung dieses Rechts im Grundbuch vollzogen sein,

3. die Freistellung des Vertragsobjekts von allen Grundpfandrechten, die der Vormerkung im Rang vorgehen oder gleichstehen und nicht übernommen werden sollen, gesichert ist, und zwar auch für den Fall, daß das Bauvorhaben nicht vollendet wird,

4. die Baugenehmigung erteilt worden ist oder, wenn eine Baugenehmigung nicht oder nicht zwingend vorgesehen ist,

a) von der zuständigen Behörde bestätigt worden ist, daß

aa) die Baugenehmigung als erteilt gilt oder

bb) nach den baurechtlichen Vorschriften mit dem Vorhaben begonnen werden darf, oder,

b) wenn eine derartige Bestätigung nicht vorgesehen ist, von dem Gewerbetreibenden bestätigt worden ist, daß

aa) die Baugenehmigung als erteilt gilt oder

bb) nach den baurechtlichen Vorschriften mit dem Bauvorhaben begonnen werden darf,

und nach Eingang dieser Bestätigung beim Auftraggeber mindestens ein Monat vergangen ist.

Die Freistellung nach Satz 1 Nr. 3 ist gesichert, wenn gewährleistet ist, daß die nicht zu übernehmenden Grundpfandrechte im Grundbuch gelöscht werden, und zwar, wenn das

Bauvorhaben vollendet wird, unverzüglich nach Zahlung der geschuldeten Vertragssumme, andernfalls unverzüglich nach Zahlung des dem erreichten Bautenstand entsprechenden Teils der geschuldeten Vertragssumme durch den Auftraggeber. Für den Fall, daß das Bauvorhaben nicht vollendet wird, kann sich der Kreditgeber vorbehalten, an Stelle der Freistellung alle vom Auftraggeber vertragsgemäß im Rahmen des Absatzes 2 bereits geleisteten Zahlungen bis zum anteiligen Wert des Vertragsobjekts zurückzuzahlen. Die zur Sicherung der Freistellung erforderlichen Erklärungen einschließlich etwaiger Erklärungen nach Satz 3 müssen dem Auftraggeber ausgehändigt worden sein. Liegen sie bei Abschluß des notariellen Vertrages bereits vor, muß auf sie in dem Vertrag Bezug genommen sein; andernfalls muß der Vertrag einen ausdrücklichen Hinweis auf die Verpflichtung des Gewerbetreibenden zur Aushändigung der Erklärungen und deren notwendigen Inhalt enthalten.

(2) Der Gewerbetreibende darf in den Fällen des Absatzes 1 die Vermögenswerte ferner in bis zu sieben Teilbeträgen entsprechend dem Bauablauf entgegennehmen oder sich zu deren Verwendung ermächtigen lassen. Die Teilbeträge können aus den nachfolgenden Vomhundertsätzen zusammengesetzt werden:

1. 30 vom Hundert der Vertragssumme in den Fällen, in denen Eigentum an einem Grundstück übertragen werden soll, oder 20 vom Hundert der Vertragssumme in den Fällen, in denen ein Erbbaurecht bestellt oder übertragen werden soll, nach Beginn der Erdarbeiten,

2. vom der restlichen Vertragssumme

- 40 vom Hundert nach Rohbaufertigstellung, einschließlich Zimmererarbeiten,

- 8 vom Hundert für die Herstellung der Dachflächen und Dachrinnen,

- 3 vom Hundert für die Rohinstallation der Heizungsanlagen,

- 3 vom Hundert für die Rohinstallation der Sanitäranlagen,

- 3 vom Hundert für die Rohinstallation der Elektroanlagen,

- 10 vom Hundert für den Fenstereinbau, einschließlich der Verglasung,

- 6 vom Hundert für den Innenputz, ausgenommen Beiputzarbeiten

- 3 vom Hundert für den Estrich,

- 4 vom Hundert für die Fliesenarbeiten im Sanitärbereich,

- 12 vom Hundert nach Bezugsfertigkeit und Zug um Zug gegen Besitzübergabe,

- 3 vom Hundert für die Fassadenarbeiten,

- 5 vom Hundert nach vollständiger Fertigstellung.

Sofern einzelne der in Satz 2 Nr. 2 genannten Leistungen nicht anfallen, wird der jeweilige Vomhundertsatz anteilig auf die übrigen Raten verteilt. Betrifft das Bauvorhaben einen Altbau, so gelten die Sätze 1 und 2 mit der Maßgabe entsprechend, daß der hiernach zu errechnende Teilbetrag für schon erbrachte Leistungen mit Vorliegen der Voraussetzungen des Absatzes 1 entgegengenommen werden kann.

(3) Der Gewerbetreibende darf in den Fällen des § 34c Absatz 1 Satz 1 Nummer 3 Buchstabe a der Gewerbeordnung, sofern ein Nutzungsverhältnis begründet werden soll, Vermögenswerte des Auftraggebers zur Ausführung des Auftrages in Höhe von 20 vom Hundert der Vertragssumme nach Vertragsabschluß entgegennehmen oder sich zu deren Verwendung ermächtigen lassen; im übrigen gelten Absatz 1 Satz 1 Nr. 1 und 4 und Absatz 2 entsprechend.

§ 4 Verwendung von Vermögenswerten des Auftraggebers

(1) Der Gewerbetreibende darf Vermögenswerte des Auftraggebers, die er erhalten hat oder zu deren Verwendung er ermächtigt worden ist, nur verwenden

1. in den Fällen des § 34c Absatz 1 Satz 1 Nummer 1 und 2 der Gewerbeordnung zur Erfüllung des Vertrages, der durch die Vermittlung oder die Nachweistätigkeit des Gewerbetreibenden zustande gekommen ist,

2. in den Fällen des § 34c Absatz 1 Satz 1 Nummer 3 der Gewerbeordnung zur Vorbereitung und Durchführung des Bauvorhabens, auf das sich der Auftrag bezieht; als Bauvorhaben gilt das einzelne Gebäude, bei Einfamilienreihenhäusern die einzelne Reihe.

(2) Der Gewerbetreibende darf in den Fällen des § 34c Absatz 1 Satz 1 Nummer 3 Buchstabe b der Gewerbeordnung, in denen er das Bauvorhaben für mehrere Auftraggeber vorbereitet und durchführt, die Vermögenswerte der Auftraggeber nur im Verhältnis der Kosten der einzelnen Einheiten zu den Gesamtkosten des Bauvorhabens verwenden.

§ 5 Hilfspersonal

Ermächtigt der Gewerbetreibende andere Personen, Vermögenswerte des Auftraggebers zur Ausführung des Auftrages entgegenzunehmen oder zu verwenden, so hat er sicherzustellen, daß dies nur nach Maßgabe der §§ 3 und 4 geschieht.

§ 6 Getrennte Vermögensverwaltung

(1) Erhält der Gewerbetreibende zur Ausführung des Auftrages Vermögenswerte des Auftraggebers, so hat er sie von seinem Vermögen und dem seiner sonstigen Auftraggeber getrennt zu verwalten. Dies gilt nicht für vertragsgemäß im Rahmen des § 3 Abs. 2 oder 3 geleistete Zahlungen.

(2) Der Gewerbetreibende hat Gelder, die er vom Auftraggeber erhält, unverzüglich für Rechnung des Auftraggebers auf ein Sonderkonto bei einem Kreditinstitut im Sinne des § 2 Abs. 2 Satz 2 einzuzahlen und auf diesem Konto bis zur Verwendung im Sinne des § 4 zu belassen. Er hat dem Kreditinstitut offenzulegen, daß die Gelder für fremde Rechnung eingelegt werden und hierbei den Namen, Vornamen und die Anschrift des Auftraggebers anzugeben. Er hat das Kreditinstitut zu verpflichten, den Auftraggeber unverzüglich zu benachrichtigen, wenn die Einlage von dritter Seite gepfändet oder das Insolvenzverfahren über das Vermögen des Gewerbetreibenden eröffnet wird, und dem Auftraggeber jederzeit Auskunft über den Stand des Kontos zu erteilen. Er hat das Kreditinstitut ferner zu verpflichten, bei diesem Konto weder das Recht der Aufrechnung noch ein Pfand- oder Zurückbehaltungsrecht geltend zu machen, es sei denn wegen Forderungen, die in bezug auf das Konto selbst entstanden sind.

(3) Wertpapiere im Sinne des § 1 Abs. 1 des Gesetzes über die Verwahrung und Anschaffung von Wertpapieren, die der Gewerbetreibende vom Auftraggeber erhält, hat er unverzüglich für Rechnung des Auftraggebers einem Kreditinstitut im Sinne des § 2 Abs. 2 Satz 2 zur Verwahrung anzuvertrauen. Absatz 2 Satz 2 bis 4 ist anzuwenden.

§ 7 Ausnahmevorschrift

(1) Gewerbetreibende im Sinne des § 34c Absatz 1 Satz 1 Nummer 3 Buchstabe a der Gewerbeordnung, die dem Auftraggeber Eigentum an einem Grundstück zu übertragen oder ein Erbbaurecht zu bestellen oder zu übertragen haben, sind von den Verpflichtungen des § 3 Abs. 1 und 2, des § 4 Abs. 1 und der §§ 5 und 6, die übrigen Gewerbetreibenden im Sinne des § 34c Abs. 1 der Gewerbeordnung sind von den Verpflichtungen des § 2, des § 3 Abs. 3 und der §§ 4 bis 6 freigestellt, sofern sie Sicherheit für alle etwaigen Ansprüche des Auftraggebers auf Rückgewähr oder Auszahlung seiner Vermögenswerte im Sinne des § 2 Abs. 1 Satz 1 geleistet haben. § 2 Abs. 2, Abs. 4 Satz 2 und 3 und Abs. 5 Satz 1 gilt entsprechend. In den Fällen des § 34c Absatz 1 Satz 1 Nummer 3 Buchstabe a der Gewerbeordnung, in denen dem Auftraggeber Eigentum an einem Grundstück übertragen oder ein Erbbaurecht bestellt oder übertragen werden soll, ist die Sicherheit aufrechtzuerhalten, bis die Voraussetzungen des § 3 Abs. 1 erfüllt sind und das Vertragsobjekt vollständig fertiggestellt ist. Ein Austausch der Sicherungen der §§ 2 bis 6 und derjenigen des § 7 ist zulässig.

(2) Der Gewerbetreibende ist von den in Absatz 1 Satz 1 erwähnten Verpflichtungen auch dann freigestellt, wenn es sich bei dem Auftraggeber um

1. eine juristische Person des öffentlichen Rechts oder ein öffentlich-rechtliches Sondervermögen oder

2. einen in das Handelsregister oder das Genossenschaftsregister eingetragenen Kaufmann

handelt und der Auftraggeber in gesonderter Urkunde auf die Anwendung dieser Bestimmungen verzichtet. Im Falle des Satzes 1 Nr. 2 hat sich der Gewerbetreibende vom Auftraggeber dessen Eigenschaft als Kaufmann durch einen Auszug aus dem Handelsregister oder dem Genossenschaftsregister nachweisen zu lassen.

§ 8 Rechnungslegung

(1) Hat der Gewerbetreibende zur Ausführung des Auftrages Vermögenswerte des Auftraggebers erhalten oder verwendet, so hat er dem Auftraggeber nach Beendigung des Auftrages über die Verwendung dieser Vermögenswerte Rechnung zu legen. § 259 des Bürgerlichen Gesetzbuchs ist anzuwenden.

(2) Die Verpflichtung, Rechnung zu legen, entfällt, soweit der Auftraggeber nach Beendigung des Auftrages dem Gewerbetreibenden gegenüber schriftlich darauf verzichtet oder der Gewerbetreibende mit den Vermögenswerten des Auftraggebers eine Leistung zu einem Festpreis zu erbringen hat.

§ 9 Anzeigepflicht

Der Gewerbetreibende hat der zuständigen Behörde die jeweils mit der Leitung des Betriebes oder einer Zweigniederlassung beauftragten Personen unverzüglich anzuzeigen. Dies gilt bei juristischen Personen auch für die nach Gesetz, Satzung oder Gesellschaftsvertrag jeweils zur Vertretung berufenen Personen. In der Anzeige sind Name, Geburtsname, sofern er vom Namen abweicht, Vornamen, Staatsangehörigkeit, Geburtstag, Geburtsort und Anschrift der betreffenden Personen anzugeben.

§ 10 Buchführungspflicht

(1) Der Gewerbetreibende hat von der Annahme des Auftrages an nach Maßgabe der folgenden Vorschriften Aufzeichnungen zu machen sowie Unterlagen und Belege übersichtlich zu sammeln. Die Aufzeichnungen sind unverzüglich und in deutscher Sprache vorzunehmen.

(2) Aus den Aufzeichnungen und Unterlagen sämtlicher Gewerbetreibender müssen ersichtlich sein

1. der Name und Vorname oder die Firma sowie die Anschrift des Auftraggebers,

2. folgende Angaben, soweit sie im Einzelfall in Betracht kommen,

a) das für die Vermittler- oder Nachweistätigkeit oder für die Tätigkeit als Baubetreuer vom Auftraggeber zu entrichtende Entgelt; Wohnungsvermittler haben das Entgelt in einem Bruchteil oder Vielfachen der Monatsmiete anzugeben;

b) ob der Gewerbetreibende zur Entgegennahme von Zahlungen oder sonstigen Leistungen ermächtigt ist;

c) Art und Höhe der Vermögenswerte des Auftraggebers, die der Gewerbetreibende zur Ausführung des Auftrages erhalten oder zu deren Verwendung er ermächtigt werden soll;

d) daß der Gewerbetreibende den Auftraggeber davon unterrichtet hat, daß er von ihm nur im Rahmen des § 3 Vermögenswerte entgegennehmen oder sich zu deren Verwendung ermächtigen lassen und diese Vermögenswerte nur im Rahmen des § 4 verwenden darf, es sei denn, daß nach § 7 verfahren wird;

e) Art, Höhe und Umfang der vom Gewerbetreibenden für die Vermögenswerte zu leistenden Sicherheit und abzuschließenden Versicherung, Name oder Firma und Anschrift des Bürgen und der Versicherung;

f) Vertragsdauer.

(3) Aus den Aufzeichnungen und Unterlagen von Gewerbetreibenden im Sinne des § 34c Absatz 1 Satz 1 Nummer 1 der Gewerbeordnung müssen ferner folgende Angaben ersichtlich sein, soweit sie im Einzelfall in Betracht kommen,

1. bei der Vermittlung oder dem Nachweis der Gelegenheit zum Abschluß von Verträgen über den Erwerb von Grundstücken oder grundstücksgleichen Rechten: Lage, Größe und Nutzungsmöglichkeit des Grundstücks, Art, Alter und Zustand des Gebäudes, Ausstattung, Wohn- und Nutzfläche, Zahl der Zimmer, Höhe der Kaufpreisforderung einschließlich zu übernehmender Belastungen, Name, Vorname und Anschrift des Veräußerers;

2. bei der Vermittlung oder dem Nachweis der Gelegenheit zum Abschluß von Verträgen über die Nutzung von Grundstücken oder grundstücksgleichen Rechten: Lage, Größe und Nutzungsmöglichkeit des Grundstücks, Art, Alter und Zustand des Gebäudes, Ausstattung, Wohn- und Nutzfläche, Zahl der Zimmer, Höhe der Mietforderung sowie gegebenenfalls Höhe eines Baukostenzuschusses, einer Kaution, einer Mietvorauszahlung, eines Mieterdarlehens oder einer Abstandssumme, Name, Vorname und Anschrift des Vermieters;

3. bei der Vermittlung oder dem Nachweis der Gelegenheit zum Abschluß von Verträgen über die Nutzung von gewerblichen Räumen oder Wohnräumen: Lage des Grundstücks und der Räume, Ausstattung, Nutz- und Wohnfläche, Zahl der Räume, Höhe der Mietforderung sowie gegebenenfalls Höhe eines Baukostenzuschusses, einer Kaution, einer Mietvorauszahlung, eines Mieterdarlehens oder einer Abstandssumme, Name, Vorname und Anschrift des Vermieters.

(4) Aus den Aufzeichnungen und Unterlagen von Gewerbetreibenden im Sinne des § 34c Absatz 1 Satz 1 Nummer 3 der Gewerbeordnung müssen zusätzlich zu den Angaben nach Absatz 2 folgende Angaben ersichtlich sein, soweit sie im Einzelfall in Betracht kommen,

1. bei Bauvorhaben, die ganz oder teilweise zur Veräußerung bestimmt sind: Lage und Größe des Baugrundstücks, das Bauvorhaben mit den von der Bauaufsicht genehmigten Plänen nebst Baubeschreibung, sofern das Bauvorhaben nicht genehmigungspflichtig ist, neben den vorerwähnten Plänen und der Baubeschreibung die Bestätigung der Behörde oder des Gewerbetreibenden gemäß § 3 Abs. 1 Satz 1 Nr. 4 Buchstabe a oder b, der Zeitpunkt der Fertigstellung, die Kaufsache, die Kaufpreisforderung, die Belastungen, die Finanzierung, soweit sie nicht vom Erwerber erbracht werden soll;

2. bei Bauvorhaben, die ganz oder teilweise vermietet, verpachtet oder in anderer Weise zur Nutzung überlassen werden sollen: Lage und Größe des Baugrundstücks, das Bauvorhaben mit den von der Bauaufsicht genehmigten Plänen nebst Baubeschreibung, sofern das Bauvorhaben nicht genehmigungspflichtig ist, neben den vorerwähnten Plänen und der Baubeschreibung die Bestätigung der Behörde oder des Gewerbetreibenden gemäß § 3 Abs. 1 Satz 1 Nr. 4 Buchstabe a oder b, der Zeitpunkt der Fertigstellung, der Vertragsgegenstand, die Miet-, Pacht- oder sonstige Forderung, die darüber hinaus zu erbringenden laufenden Leistungen und die etwaigen einmaligen Leistungen, die nicht zur Vorbereitung oder Durchführung des Bauvorhabens verwendet werden sollen;

3. bei Bauvorhaben, die der Gewerbetreibende als Baubetreuer wirtschaftlich vorbereiten oder durchführen soll: Lage und Größe des Baugrundstücks, das Bauvorhaben mit Plänen und Baubeschreibung, der Zeitpunkt der Fertigstellung, die veranschlagten Kosten, die Kostenobergrenze und die von dem Gewerbetreibenden bei Dritten zu beschaffende Finanzierung.

(5) Aus den Aufzeichnungen, Unterlagen und Belegen sämtlicher Gewerbetreibender müssen ferner ersichtlich sein, soweit dies im Einzelfall in Betracht kommt,

1. Art und Höhe der Vermögenswerte des Auftraggebers, die der Gewerbetreibende zur Ausführung des Auftrages erhalten hat oder zu deren Verwendung er ermächtigt wurde,

2. das für die Vermittler- oder Nachweistätigkeit oder für die Tätigkeit als Baubetreuer vom Auftraggeber entrichtete Entgelt,

3. eine Bestätigung des Auftraggebers über die Aushändigung der in § 2 Abs. 4 Satz 3 bezeichneten Unterlagen,

4. Kopie der Bürgschaftsurkunde und des Versicherungsscheins,

5. Verwendungen von Vermögenswerten des Auftraggebers durch den Gewerbetreibenden nach Tag und Höhe, in den Fällen des § 2 Abs. 5 Satz 2 auch eine Bestätigung des Auftraggebers darüber, daß ihm die ordnungsgemäße Verwendung der Teilbeträge nachgewiesen worden ist,

6. Tag und Grund der Auftragsbeendigung,

7. Tag der Beendigung des Bürgschaftsvertrages und der Versicherung,

8. die in § 7 Abs. 2 erwähnten Unterlagen,

9. Nachweis, daß dem Auftraggeber die in § 11 bezeichneten Angaben rechtzeitig und vollständig mitgeteilt worden sind.

(6) Sonstige Vorschriften über Aufzeichnungs- und Buchführungspflichten des Gewerbetreibenden bleiben unberührt.

§ 11 Informationspflicht und Werbung

Der Gewerbetreibende hat dem Auftraggeber in Textform und in deutscher Sprache folgende Angaben mitzuteilen, soweit sie im Einzelfall in Betracht kommen:

1. in den Fällen des § 34c Absatz 1 Satz 1 Nummer 1 der Gewerbeordnung

a) unmittelbar nach der Annahme des Auftrags die in § 10 Absatz 2 Nummer 2 Buchstabe a und f genannten Angaben und

b) spätestens bei Aufnahme der Vertragsverhandlungen über den vermittelten oder nachgewiesenen Vertragsgegenstand die in § 10 Absatz 2 Nummer 2 Buchstabe b bis e und Absatz 3 Nummer 1 bis 3 genannten Angaben,

2. in den Fällen des § 34c Absatz 1 Satz 1 Nummer 3 der Gewerbeordnung spätestens bis zur Annahme des Auftrags die in § 10 Absatz 2 Nummer 2 und Absatz 4 genannten Angaben; vor diesem Zeitpunkt hat der Gewerbetreibende dem Auftraggeber die Angaben zu machen, die zur Beurteilung des Auftrags nach dem jeweiligen Verhandlungsstand erforderlich sind; im Fall des § 10 Absatz 4 Nummer 3 entfällt die Verpflichtung, soweit die Angaben vom Auftraggeber stammen,

3. in den Fällen des § 34c Absatz 1 Satz 1 Nummer 4 der Gewerbeordnung auf Anfrage des Auftraggebers unverzüglich Angaben über die berufsspezifischen Qualifikationen und die in den letzten drei Kalenderjahren absolvierten Weiterbildungsmaßnahmen des Gewerbetreibenden und der unmittelbar bei der erlaubnispflichtigen Tätigkeit mitwirkenden Beschäftigten.

Die Angaben nach Satz 1 Nummer 3 können durch Verweis auf die Internetseite des Gewerbetreibenden erfolgen. Ist der Auftraggeber eine natürliche Person, kann er die Übermittlung der Angaben in der Amtssprache eines Mitgliedstaates der Europäischen Union oder eines Vertragsstaates des Abkommens über den Europäischen Wirtschaftsraum verlangen, wenn er in diesem Mitgliedstaat oder Vertragsstaat seinen Wohnsitz hat.

§ 12 Unzulässigkeit abweichender Vereinbarungen

Der Gewerbetreibende darf seine Verpflichtungen nach den §§ 2 bis 8 sowie die nach § 2 Abs. 1 zu sichernden Schadensersatzansprüche des Auftraggebers durch vertragliche Vereinbarung weder ausschließen noch beschränken.

§ 13 (weggefallen)

-

§ 14 Aufbewahrung

(1) Die in § 10 bezeichneten Geschäftsunterlagen sind 5 Jahre in den Geschäftsräumen aufzubewahren. Die Aufbewahrungsfrist beginnt mit dem Schluss des Kalenderjahres, in dem der letzte aufzeichnungspflichtige Vorgang für den jeweiligen Auftrag angefallen ist. Vorschriften, die eine längere Frist bestimmen, bleiben unberührt.

(2) Die nach Absatz 1 aufzubewahrenden Unterlagen können auch in Form einer verkleinerten Wiedergabe aufbewahrt werden, wenn gesichert ist, daß die Wiedergabe mit der Urschrift übereinstimmt. Der Gewerbetreibende hat auf Verlangen der zuständigen Behörde auf seine Kosten die erforderliche Anzahl ohne Hilfsmittel lesbarer Reproduktionen vorzulegen; bei Ermittlungen oder Prüfungen in den Geschäftsräumen sind für verkleinerte Wiedergaben die erforderlichen Lesegeräte bereitzuhalten.

§ 15 Umfang der Versicherung

(1) Die nach § 34c Absatz 2 Nummer 3 der Gewerbeordnung für einen Wohnimmobilienverwalter vorgesehene Versicherung muss bei einem im Inland zum Geschäftsbetrieb zugelassenen Versicherungsunternehmen abgeschlossen werden.

(2) Die Mindestversicherungssumme beträgt 500 000 Euro für jeden Versicherungsfall und 1 000 000 Euro für alle Versicherungsfälle eines Jahres.

(3) Der Versicherungsvertrag muss Deckung für die sich aus der gewerblichen Tätigkeit als Wohnimmobilienverwalter ergebenden Haftpflichtgefahren für Vermögensschäden gewähren. Der Versicherungsvertrag muss sich auch auf solche Vermögensschäden erstrecken, für die der Versicherungspflichtige nach § 278 oder § 831 des Bürgerlichen Gesetzbuchs einzustehen hat, soweit die Erfüllungsgehilfen oder Verrichtungsgehilfen nicht selbst zum Abschluss einer solchen Berufshaftpflichtversicherung verpflichtet sind. Ist der Gewerbetreibende in einer oder mehreren Personenhandelsgesellschaften als geschäftsführender Gesellschafter tätig, so muss für die jeweilige Personenhandelsgesellschaft jeweils ein Versicherungsvertrag abgeschlossen werden; der Versicherungsvertrag kann auch die Tätigkeit des Gewerbetreibenden nach Satz 1 abdecken.

(4) Der Versicherungsvertrag hat Versicherungsschutz für jede einzelne Pflichtverletzung zu gewähren, die gesetzliche Haftpflichtansprüche privatrechtlichen Inhalts gegen den Versicherungspflichtigen zur Folge haben könnte. Dabei kann vereinbart werden, dass sämtliche Pflichtverletzungen bei Erledigung einer einheitlichen Verwaltung von Wohnimmobilien als ein

Versicherungsfall gelten, sofern die betreffenden Angelegenheiten in einem rechtlichen oder wirtschaftlichen Zusammenhang stehen.

(5) Von der Versicherung kann die Haftung für Ersatzansprüche wegen wissentlicher Pflichtverletzung ausgeschlossen werden. Weitere Ausschlüsse sind nur insoweit zulässig, als sie marktüblich sind und dem Zweck der Berufshaftpflichtversicherung nicht zuwiderlaufen.

§ 15a Versicherungsbestätigung; Anzeigepflicht des Versicherungsunternehmens

(1) Die vom Versicherungsunternehmen erteilte Versicherungsbestätigung nach § 113 Absatz 2 des Versicherungsvertragsgesetzes darf zum Zeitpunkt der Antragstellung bei der für die Erlaubniserteilung zuständigen Behörde nicht älter als drei Monate sein.

(2) Das Versicherungsunternehmen ist verpflichtet, der für die Erlaubniserteilung zuständigen Behörde unverzüglich Folgendes anzuzeigen:

1. die Beendigung des Versicherungsvertrags, insbesondere infolge einer wirksamen Kündigung,

2. das Ausscheiden eines Versicherungsnehmers aus einem Gruppenversicherungsvertrag sowie

3. jede Änderung des Versicherungsvertrags, die den vorgeschriebenen Versicherungsschutz im Verhältnis zu Dritten beeinträchtigen kann.

Die für die Erlaubniserteilung zuständige Behörde hat dem Versicherungsunternehmen das Datum des Eingangs der Anzeige mitzuteilen.

(3) Die zuständige Stelle im Sinne des § 117 Absatz 2 des Versicherungsvertragsgesetzes ist die für die Erlaubniserteilung nach § 34c Absatz 1 Satz 1 Nummer 4 der Gewerbeordnung zuständige Behörde.

§ 15b Weiterbildung

(1) Wer nach § 34c Absatz 2a der Gewerbeordnung zur Weiterbildung verpflichtet ist, muss sich fachlich entsprechend seiner ausgeübten Tätigkeit weiterbilden. Die inhaltlichen Anforderungen an die Weiterbildung sind an den Vorgaben der Anlage 1 auszurichten. Die Weiterbildung kann in Präsenzform, in einem begleiteten Selbststudium, durch betriebsinterne Maßnahmen des Gewerbetreibenden oder in einer anderen geeigneten Form erfolgen. Bei Weiterbildungsmaßnahmen in einem begleiteten Selbststudium ist eine nachweisbare Lernerfolgskontrolle durch den Anbieter der Weiterbildung erforderlich. Der Anbieter der Weiterbildung muss sicherstellen, dass die in Anlage 2 aufgeführten Anforderungen an die Qualität der Weiterbildungsmaßnahme eingehalten werden. Der Erwerb eines Ausbildungsabschlusses als Immobilienkaufmann oder Immobilienkauffrau oder eines Weiterbildungsabschlusses als Geprüfter Immobilienfachwirt oder Geprüfte Immobilienfachwirtin gilt als Weiterbildung.

(2) Die zur Weiterbildung verpflichteten Gewerbetreibenden sind verpflichtet, nach Maßgabe des Satzes 2 Nachweise und Unterlagen zu sammeln über Weiterbildungsmaßnahmen, an denen sie

und ihre zur Weiterbildung verpflichteten Beschäftigten teilgenommen haben. Aus den Nachweisen und Unterlagen müssen mindestens ersichtlich sein:

1. Name und Vorname des Gewerbetreibenden oder der Beschäftigten,

2. Datum, Umfang, Inhalt und Bezeichnung der Weiterbildungsmaßnahme sowie

3. Name und Vorname oder Firma sowie Adresse und Kontaktdaten des in Anspruch genommenen Weiterbildungsanbieters.

Die in Satz 1 genannten Nachweise und Unterlagen sind fünf Jahre auf einem dauerhaften Datenträger vorzuhalten und in den Geschäftsräumen aufzubewahren. Die Aufbewahrungsfrist beginnt mit dem Ende des Kalenderjahres, in dem die Weiterbildungsmaßnahme durchgeführt wurde.

(3) Die für die Erlaubniserteilung zuständige Behörde kann anordnen, dass der Gewerbetreibende ihr gegenüber eine unentgeltliche Erklärung mit dem Inhalt nach dem Muster der Anlage 3 über die Erfüllung der Weiterbildungspflicht in den vorangegangenen drei Kalenderjahren durch ihn und seine zur Weiterbildung verpflichteten Beschäftigten abgibt. Die Erklärung kann elektronisch erfolgen.

(4) Für zur Weiterbildung verpflichtete Gewerbetreibende und ihre zur Weiterbildung verpflichteten Beschäftigten, die im Besitz eines Ausbildungsabschlusses als Immobilienkaufmann oder Immobilienkauffrau oder eines Weiterbildungsabschlusses als Geprüfter Immobilienfachwirt oder Geprüfte Immobilienfachwirtin sind, beginnt die Pflicht zur Weiterbildung drei Jahre nach Erwerb des Ausbildungs- oder Weiterbildungsabschlusses.

§ 16 Prüfungen

(1) Gewerbetreibende im Sinne des § 34c Absatz 1 Satz 1 Nummer 3 der Gewerbeordnung haben auf ihre Kosten die Einhaltung der sich aus den §§ 2 bis 14 ergebenden Verpflichtungen für jedes Kalenderjahr durch einen geeigneten Prüfer prüfen zu lassen und der zuständigen Behörde den Prüfungsbericht bis spätestens zum 31. Dezember des darauffolgenden Jahres zu übermitteln. Sofern der Gewerbetreibende im Berichtszeitraum keine nach § 34c Abs. 1 Satz 1 der Gewerbeordnung erlaubnispflichtige Tätigkeit ausgeübt hat, hat er spätestens bis zu dem in Satz 1 genannten Termin anstelle des Prüfungsberichts eine entsprechende Erklärung zu übermitteln. Der Prüfungsbericht muß einen Vermerk darüber enthalten, ob Verstöße des Gewerbetreibenden festgestellt worden sind. Verstöße sind in dem Vermerk aufzuzeigen. Der Prüfer hat den Vermerk mit Angabe von Ort und Datum zu unterzeichnen, wobei die elektronische Namenswiedergabe genügt.

(2) Die zuständige Behörde ist befugt, Gewerbetreibende im Sinne des § 34c Abs. 1 der Gewerbeordnung auf deren Kosten aus besonderem Anlaß im Rahmen einer außerordentlichen Prüfung durch einen geeigneten Prüfer überprüfen zu lassen. Der Prüfer wird von der zuständigen Behörde bestimmt. Absatz 1 Satz 3 bis 5 gilt entsprechend.

(3) Geeignete Prüfer sind

1.   Wirtschaftsprüfer,   vereidigte   Buchprüfer,   Wirtschaftsprüfungs-   und Buchprüfungsgesellschaften,

2. Prüfungsverbände, zu deren gesetzlichem oder satzungsmäßigem Zweck die regelmäßige und außerordentliche Prüfung ihrer Mitglieder gehört, sofern

a) von ihren gesetzlichen Vertretern mindestens einer Wirtschaftsprüfer ist,

b) sie die Voraussetzungen des § 63b Abs. 5 des Gesetzes betreffend die Erwerbs- und Wirtschaftsgenossenschaften erfüllen oder

c) sie sich für ihre Prüfungstätigkeit selbständiger Wirtschaftsprüfer oder vereidigter Buchprüfer oder einer Wirtschaftsprüfungs- oder Buchprüfungsgesellschaft bedienen.

Bei Gewerbetreibenden im Sinne des § 34c Absatz 1 Satz 1 Nummer 1 und 2 der Gewerbeordnung können mit der Prüfung nach Absatz 2 auch andere Personen, die öffentlich bestellt oder zugelassen worden sind und die auf Grund ihrer Vorbildung und Erfahrung in der Lage sind, eine ordnungsgemäße Prüfung in dem jeweiligen Gewerbebetrieb durchzuführen, sowie deren Zusammenschlüsse betraut werden. § 13a Absatz 1 und 2 Satz 1 und 2, Absatz 5 bis 7 der Gewerbeordnung gilt für die in Satz 2 genannten Personen, die mit der Prüfung betraut werden können, entsprechend. Ungeeignet für eine Prüfung sind Personen, bei denen die Besorgnis der Befangenheit besteht.

§ 17 Rechte und Pflichten der an der Prüfung Beteiligten

(1) Der Gewerbetreibende hat dem Prüfer die Einsicht in die Bücher, Aufzeichnungen und Unterlagen zu gestatten. Er hat ihm alle Aufklärungen und Nachweise zu geben, die der Prüfer für eine sorgfältige Prüfung benötigt.

(2) Der Prüfer ist zur gewissenhaften und unparteiischen Prüfung und zur Verschwiegenheit verpflichtet. Er darf nicht unbefugt Geschäfts- und Betriebsgeheimnisse verwerten, die er bei seiner Tätigkeit erfahren hat. Ein Prüfer, der vorsätzlich oder fahrlässig seine Pflichten verletzt, ist dem Gewerbetreibenden zum Ersatz des daraus entstehenden Schadens verpflichtet. Mehrere Personen haften als Gesamtschuldner.

§ 18 Ordnungswidrigkeiten

(1) Ordnungswidrig im Sinne des § 144 Abs. 2 Nr. 6 der Gewerbeordnung handelt, wer

1. Vermögenswerte des Auftraggebers annimmt oder sich zu deren Verwendung ermächtigen läßt, bevor er

a) nach § 2 Abs. 1 Sicherheit geleistet oder eine Versicherung abgeschlossen oder

b) die in § 2 Abs. 4 Satz 3 bezeichneten Urkunden ausgehändigt hat,

2. entgegen § 2 Abs. 5, auch in Verbindung mit § 7 Abs. 1 Satz 2, oder § 7 Abs. 1 Satz 3 die Sicherheit oder Versicherung nicht aufrechterhält,

3. einer Vorschrift des § 3 über die Entgegennahme oder die Ermächtigung zur Verwendung von Vermögenswerten des Auftraggebers zuwiderhandelt,

4. einer Vorschrift des § 4 über die Verwendung von Vermögenswerten des Auftraggebers zuwiderhandelt,

5. einer Vorschrift des § 6 Abs. 1, Abs. 2 Satz 1 oder 2, Abs. 3 Satz 1 oder Abs. 3 Satz 2 in Verbindung mit Abs. 2 Satz 2 über die getrennte Vermögensverwaltung zuwiderhandelt,

6. entgegen § 9 die Anzeige nicht, nicht richtig, nicht vollständig oder nicht rechtzeitig erstattet,

7. entgegen § 10 Abs. 1 bis 5 erforderliche Aufzeichnungen nicht, nicht richtig, nicht vollständig, nicht ordnungsgemäß oder nicht rechtzeitig macht oder Unterlagen oder Belege nicht oder nicht übersichtlich sammelt,

8. entgegen § 11 Satz 1 Nummer 1, 2 oder 3 dem Auftraggeber die dort bezeichneten Angaben nicht, nicht richtig, nicht vollständig oder nicht rechtzeitig mitteilt,

9. (weggefallen)

10. entgegen § 14 Abs. 1 Satz 1 Geschäftsunterlagen nicht während der vorgeschriebenen Frist aufbewahrt,

11. entgegen § 15b Absatz 2 Satz 3 einen Nachweis oder eine Unterlage nicht oder nicht mindestens fünf Jahre aufbewahrt,

11a. einer vollziehbaren Anordnung nach § 15b Absatz 3 Satz 1 zuwiderhandelt,

12. entgegen § 16 Abs. 1 Satz 1 oder 2 einen Prüfungsbericht nicht, nicht richtig, nicht vollständig oder nicht rechtzeitig oder eine dort genannte Erklärung nicht, nicht richtig oder nicht rechtzeitig vorlegt oder

13. den Duldungs- oder Mitwirkungspflichten des § 17 Abs. 1 nicht, nicht ausreichend oder nicht rechtzeitig nachkommt.

(2) Ordnungswidrig im Sinne des § 145 Abs. 2 Nr. 9 der Gewerbeordnung handelt, wer vorsätzlich oder fahrlässig eine in Absatz 1 bezeichnete Handlung in Ausübung eines Reisegewerbes begeht.

(3) Ordnungswidrig im Sinne des § 146 Abs. 2 Nr. 11a der Gewerbeordnung handelt, wer vorsätzlich oder fahrlässig eine in Absatz 1 bezeichnete Handlung in Ausübung eines Messe-, Ausstellungs- oder Marktgewerbes begeht.

§ 19 Anwendung bei grenzüberschreitender Dienstleistungserbringung

(1) Üben Gewerbetreibende von einer Niederlassung in einem anderen Mitgliedstaat der Europäischen Union oder einem anderen Vertragsstaat des Abkommens über den Europäischen Wirtschaftsraum aus im Geltungsbereich der Gewerbeordnung vorübergehend selbständig eine Tätigkeit

1. nach § 34c Absatz 1 Satz 1 Nummer 1 oder Nummer 3 der Gewerbeordnung aus, sind die §§ 8 bis 11, 14 bis 17, 18 Absatz 1 Nummer 6 bis 13, jeweils auch in Verbindung mit § 18 Absatz 2 und 3,

2. nach § 34c Absatz 1 Satz 1 Nummer 4 der Gewerbeordnung aus, sind die §§ 9, 11, 15 bis 15b, 18 Absatz 1 Nummer 6, 8, 11, 11a, jeweils auch in Verbindung mit § 18 Absatz 2 und 3

insoweit nicht anwendbar. § 4 Absatz 2 der Gewerbeordnung gilt entsprechend.

(2) In den Fällen

1. des § 34c Absatz 1 Satz 1 Nummer 1 oder Nummer 3 der Gewerbeordnung sind die §§ 2, 4 bis 8, 10 bis 18 Absatz 1 Nummer 1, 2, 4, 5 und 7 bis 13, jeweils auch in Verbindung mit § 18 Absatz 2 und 3,

2. des § 34c Absatz 1 Satz 1 Nummer 4 der Gewerbeordnung sind die §§ 9, 11, 15 bis 15b, 18 Absatz 1 Nummer 6, 8, 11, 11a, jeweils auch in Verbindung mit § 18 Absatz 2 und 3

auch anzuwenden, wenn der im Inland niedergelassene Gewerbetreibende die Dienstleistungsfreiheit in einem anderen Mitgliedstaat der Europäischen Union oder einem anderen Vertragsstaat des Abkommens über den Europäischen Wirtschaftsraum in Anspruch nimmt und dort vorübergehend selbständig tätig wird.

§ 20 Übergangsvorschriften

Gewerbetreibende, die Vermögenswerte des Auftraggebers nach den §§ 3 oder 7 Abs. 1 in der bis zum 28. Februar 1991 geltenden Fassung abzusichern haben, können die Verträge weiterhin nach diesen Vorschriften abwickeln.

§ 21 Berlin-Klausel

(gegenstandslos)

§ 22 Inkrafttreten

(Inkrafttreten)

Anlage 1 (zu § 15b Absatz 1)

(Fundstelle: BGBl. I 2018, 552 — 554)

A. Inhaltliche Anforderungen an die Weiterbildung für Immobilienmakler

1. Kundenberatung

1.1 Serviceerwartungen des Kunden

1.2 Besuchsvorbereitung/Kundengespräch/Kundensituation

1.3 Kundenbetreuung

2. Grundlagen des Maklergeschäfts

2.1 Teilmärkte des Immobilienmarktes

2.2 Preisbildung am Immobilienmarkt

2.3 Objektangebot und Objektanalyse

2.4 Die Wertermittlung

B. Inhaltliche Anforderungen an die Weiterbildung für Wohnimmobilienverwalter

Anlage 2 (zu § 15b Absatz 1)

(Fundstelle: BGBl. I 2018, 555)

Anforderungen an die Qualität der Weiterbildungsmaßnahme

Einer Weiterbildungsmaßnahme muss eine Planung zugrunde liegen, sie muss systematisch organisiert und die Qualität derjenigen, die die Weiterbildung durchführen, muss sichergestellt sein.

1. Planung

1.1 Die Weiterbildungsmaßnahme ist mit zeitlichem Vorlauf zu ihrer Durchführung konzipiert.

1.2 Die Weiterbildungsmaßnahme ist in nachvollziehbarer Form für die Teilnehmer beschrieben.

1.3 Der Weiterbildungsmaßnahme liegt eine Ablaufplanung zugrunde, auf die sich die Durchführung stützt.

2. Systematische Organisation

2.1 Teilnehmer erhalten im Vorfeld der Weiterbildungsmaßnahme eine Information bzw. eine Einladung in Textform.

2.2 Die Information bzw. die Einladung enthält eine Beschreibung der Weiterbildungsmaßnahme, aus der die Teilnehmer die erwerbbaren Kompetenzen sowie den Umfang der Weiterbildungsmaßnahme in Zeitstunden entnehmen können.

2.3 Die Anwesenheit des Teilnehmers wird vom Durchführenden der Weiterbildungsmaßnahme verbindlich dokumentiert und nachvollziehbar archiviert. Dies gilt auch für Lernformen wie dem selbstgesteuerten Lernen, dem blended-Learning und dem e-Learning. Bei Weiterbildungsmaßnahmen im Selbststudium ist eine nachweisbare Lernerfolgskontrolle durch den Anbieter der Weiterbildung sicherzustellen.

3. Sicherstellung der Qualität der Durchführenden der Weiterbildung

3.1 Für diejenigen, die die Weiterbildungsmaßnahme durchführen, liegen Anforderungsprofile vor.

3.2 Systematische Prozesse stellen die Einhaltung dieser Anforderungen sicher.

Anlage 3 (zu § 15b Absatz 3)

(Fundstelle: BGBl. I 2018, 556)

Erklärung
über die Erfüllung der Weiterbildungsverpflichtung
nach § 34c Absatz 2a GewO i. V. m. § 15b Absatz 1 MaBV

für den Zeitraum …

Name, Vorname, ggf. Unternehmensbezeichnung des Gewerbetreibenden Bei juristischen Personen: Name, Vorname des gesetzlichen Vertreters
Straße, Hausnummer
PLZ   Ort
Telefon: Fax*   E-Mail*
Bezeichnung der Weiterbildungsmaßnahme, Datum, Inhalt, Umfang (Stunden), in Anspruch genommener Weiterbildungsanbieter

* (Angaben sind freiwillig)

Ich bestätige, dass die nach § 34c Absatz 2a GewO bestehende Verpflichtung zur Weiterbildung eingehalten worden ist.

Ort, Datum, Unterschrift des Gewerbetreibenden

– 51 –

GRUNDBUCHORDNUNG (GBO)

Erster Abschnitt

Allgemeine Vorschriften

§ 1

(1) Die Grundbücher, die auch als Loseblattgrundbuch geführt werden können, werden von den Amtsgerichten geführt (Grundbuchämter). Diese sind für die in ihrem Bezirk liegenden Grundstücke zuständig. Die abweichenden Vorschriften des § 150 für das in Artikel 3 des Einigungsvertrages genannte Gebiet bleiben unberührt.

(2) Liegt ein Grundstück in dem Bezirk mehrerer Grundbuchämter, so ist das zuständige Grundbuchamt nach § 5 des Gesetzes über das Verfahren in Familiensachen und in den Angelegenheiten der freiwilligen Gerichtsbarkeit zu bestimmen.

(3) Die Landesregierungen werden ermächtigt, durch Rechtsverordnung die Führung des Grundbuchs einem Amtsgericht für die Bezirke mehrerer Amtsgerichte zuzuweisen, wenn dies einer schnelleren und rationelleren Grundbuchführung dient. Sie können die Ermächtigung durch Rechtsverordnung auf die Landesjustizverwaltungen übertragen.

(4) Das Bundesministerium der Justiz und für Verbraucherschutz wird ermächtigt, durch Rechtsverordnung, die der Zustimmung des Bundesrates bedarf, die näheren Vorschriften über die Einrichtung und die Führung der Grundbücher, die Hypotheken-, Grundschuld- und Rentenschuldbriefe und die Abschriften aus dem Grundbuch und den Grundakten sowie die Einsicht hierin zu erlassen sowie das Verfahren zur Beseitigung einer Doppelbuchung zu bestimmen. Es kann hierbei auch regeln, inwieweit Änderungen bei einem Grundbuch, die sich auf Grund von Vorschriften der Rechtsverordnung ergeben, den Beteiligten und der Behörde, die das in § 2 Abs. 2 bezeichnete amtliche Verzeichnis führt, bekanntzugeben sind.

§ 2

(1) Die Grundbücher sind für Bezirke einzurichten.

(2) Die Grundstücke werden im Grundbuch nach den in den Ländern eingerichteten amtlichen Verzeichnissen benannt (Liegenschaftskataster).

(3) Ein Teil eines Grundstücks darf von diesem nur abgeschrieben werden, wenn er im amtlichen Verzeichnis unter einer besonderen Nummer verzeichnet ist oder wenn die zur Führung des amtlichen Verzeichnisses zuständige Behörde bescheinigt, dass sie von der Buchung unter einer besonderen Nummer absieht, weil der Grundstücksteil mit einem benachbarten Grundstück oder einem Teil davon zusammengefasst wird.

(4) weggefallen

(5) weggefallen

§ 3

(1) Jedes Grundstück erhält im Grundbuch eine besondere Stelle (Grundbuchblatt). Das Grundbuchblatt ist für das Grundstück als das Grundbuch im Sinne des Bürgerlichen Gesetzbuchs anzusehen.

(2) Die Grundstücke des Bundes, der Länder, der Gemeinden und anderer Kommunalverbände, der Kirchen, Klöster und Schulen, die Wasserläufe, die öffentlichen Wege, sowie die Grundstücke, welche einem dem öffentlichen Verkehr dienenden Bahnunternehmen gewidmet sind, erhalten ein Grundbuchblatt nur auf Antrag des Eigentümers oder eines Berechtigten.

(3) Ein Grundstück ist auf Antrag des Eigentümers aus dem Grundbuch auszuscheiden, wenn der Eigentümer nach Absatz 2 von der Verpflichtung zur Eintragung befreit und eine Eintragung, von der das Recht des Eigentümers betroffen wird, nicht vorhanden ist.

(4) Das Grundbuchamt kann, sofern hiervon nicht Verwirrung oder eine wesentliche Erschwerung des Rechtsverkehrs oder der Grundbuchführung zu besorgen ist, von der Führung eines Grundbuchblatts für ein Grundstück absehen, wenn das Grundstück den wirtschaftlichen Zwecken mehrerer anderer Grundstücke zu dienen bestimmt ist, zu diesen in einem dieser Bestimmung entsprechenden räumlichen Verhältnis und im Miteigentum der Eigentümer dieser Grundstücke steht (dienendes Grundstück).

(5) In diesem Fall müssen an Stelle des ganzen Grundstücks die den Eigentümern zustehenden einzelnen Miteigentumsanteile an dem dienenden Grundstück auf dem Grundbuchblatt des dem einzelnen Eigentümer gehörenden Grundstücks eingetragen werden. Diese Eintragung gilt als Grundbuch für den einzelnen Miteigentumsanteil.

(6) Die Buchung nach den Absätzen 4 und 5 ist auch dann zulässig, wenn die beteiligten Grundstücke noch einem Eigentümer gehören, dieser aber die Teilung des Eigentums am dienenden Grundstück in Miteigentumsanteile und deren Zuordnung zu den herrschenden Grundstücken gegenüber dem Grundbuchamt erklärt hat; die Teilung wird mit der Buchung nach Absatz 5 wirksam.

(7) Werden die Miteigentumsanteile an dem dienenden Grundstück neu gebildet, so soll, wenn die Voraussetzungen des Absatzes 4 vorliegen, das Grundbuchamt in der Regel nach den vorstehenden Vorschriften verfahren.

(8) Stehen die Anteile an dem dienenden Grundstück nicht mehr den Eigentümern der herrschenden Grundstücke zu, so ist ein Grundbuchblatt anzulegen.

(9) Wird das dienende Grundstück als Ganzes belastet, so ist, sofern nicht ein besonderes Grundbuchblatt angelegt wird oder § 48 anwendbar ist, in allen beteiligten Grundbuchblättern kenntlich zu machen, daß das dienende Grundstück als Ganzes belastet ist; hierbei ist jeweils auf die übrigen Eintragungen zu verweisen.

§ 4

(1) Über mehrere Grundstücke desselben Eigentümers, deren Grundbücher von demselben Grundbuchamt geführt werden, kann ein gemeinschaftliches Grundbuchblatt geführt werden, solange hiervon Verwirrung nicht zu besorgen ist.

(2) Dasselbe gilt, wenn die Grundstücke zu einem Hof im Sinne der Höfeordnung gehören oder in ähnlicher Weise bundes- oder landesrechtlich miteinander verbunden sind, auch wenn ihre Grundbücher von verschiedenen Grundbuchämtern geführt werden. In diesen Fällen ist, wenn es sich um einen Hof handelt, das Grundbuchamt zuständig, welches das Grundbuch über die Hofstelle führt; im übrigen ist das zuständige Grundbuchamt nach § 5 des Gesetzes über das Verfahren in Familiensachen und in den Angelegenheiten der freiwilligen Gerichtsbarkeit zu bestimmen.

§ 5

(1) Ein Grundstück soll nur dann mit einem anderen Grundstück vereinigt werden, wenn hiervon Verwirrung nicht zu besorgen ist. Eine Vereinigung soll insbesondere dann unterbleiben, wenn die Grundstücke im Zeitpunkt der Vereinigung wie folgt belastet sind:

1. mit unterschiedlichen Grundpfandrechten oder Reallasten oder

2. mit denselben Grundpfandrechten oder Reallasten in unterschiedlicher Rangfolge.

Werden die Grundbücher von verschiedenen Grundbuchämtern geführt, so ist das zuständige Grundbuchamt nach § 5 des Gesetzes über das Verfahren in Familiensachen und in den Angelegenheiten der freiwilligen Gerichtsbarkeit zu bestimmen.

(2) Die an der Vereinigung beteiligten Grundstücke sollen im Bezirk desselben Grundbuchamts und derselben für die Führung des amtlichen Verzeichnisses nach § 2 Abs. 2 zuständigen Stelle liegen und unmittelbar aneinandergrenzen. Von diesen Erfordernissen soll nur abgewichen werden, wenn hierfür, insbesondere wegen der Zusammengehörigkeit baulicher Anlagen und Nebenanlagen, ein erhebliches Bedürfnis *entsteht*. Die Lage der Grundstücke zueinander kann durch Bezugnahme auf das amtliche Verzeichnis nachgewiesen werden. Das erhebliche Bedürfnis ist glaubhaft zu machen; § 29 gilt hierfür nicht. [1]

§ 6

(1) Ein Grundstück soll nur dann einem anderen Grundstück als Bestandteil zugeschrieben werden, wenn hiervon Verwirrung nicht zu besorgen ist. Werden die Grundbücher von verschiedenen Grundbuchämtern geführt, so ist für die Entscheidung über den Antrag auf Zuschreibung und, wenn dem Antrag stattgegeben wird, für die Führung des Grundbuchs über das ganze Grundstück das Grundbuchamt zuständig, das das Grundbuch über das Hauptgrundstück führt.

(2) § 5 Absatz 1 Satz 2 und Absatz 2 ist entsprechend anzuwenden.

§ 6a

(1) Dem Antrag auf Eintragung eines Erbbaurechts an mehreren Grundstücken oder Erbbaurechten soll unbeschadet des Satzes 2 nur entsprochen werden, wenn hinsichtlich der zu belastenden Grundstücke die Voraussetzungen des § 5 Abs. 2 Satz 1 vorliegen. Von diesen Erfordernissen soll nur abgewichen werden, wenn die zu belastenden Grundstücke nahe

---

[1] § 5 Abs. 2 Satz 2 Kursivdruck: Müsste richtig „besteht" lauten

beieinander liegen und entweder das Erbbaurecht in Wohnungs- oder Teilerbbaurechte aufgeteilt werden soll oder Gegenstand des Erbbaurechts ein einheitliches Bauwerk oder ein Bauwerk mit dazugehörenden Nebenanlagen auf den zu belastenden Grundstücken ist; § 5 Abs. 2 Satz 3 findet entsprechende Anwendung. Im übrigen sind die Voraussetzungen des Satzes 2 glaubhaft zu machen; § 29 gilt hierfür nicht.

(2) Dem Antrag auf Eintragung eines Erbbaurechts soll nicht entsprochen werden, wenn das Erbbaurecht sowohl an einem Grundstück als auch an einem anderen Erbbaurecht bestellt werden soll.

§ 7

(1) Soll ein Grundstücksteil mit einem Recht belastet werden, so ist er von dem Grundstück abzuschreiben und als selbständiges Grundstück einzutragen.

(2) Ist das Recht eine Dienstbarkeit, so kann die Abschreibung unterbleiben, wenn hiervon Verwirrung nicht zu besorgen ist. In diesem Fall soll ein von der für die Führung des Liegenschaftskatasters zuständigen Behörde erteilter beglaubigter Auszug aus der amtlichen Karte vorgelegt werden, in dem der belastete Grundstücksteil gekennzeichnet ist. Die Vorlage eines solchen Auszugs ist nicht erforderlich, wenn der Grundstücksteil im Liegenschaftskataster unter einer besonderen Nummer verzeichnet ist.

(3) Die Landesregierungen werden ermächtigt, durch Rechtsverordnung zu bestimmen, dass der nach Absatz 2 vorzulegende Auszug aus der amtlichen Karte der Beglaubigung nicht bedarf, wenn der Auszug maschinell hergestellt wird und ein ausreichender Schutz gegen die Vorlage von nicht von der zuständigen Behörde hergestellten oder von verfälschten Auszügen besteht. Satz 1 gilt entsprechend für andere Fälle, in denen dem Grundbuchamt Angaben aus dem amtlichen Verzeichnis zu übermitteln sind. Die Landesregierungen können die Ermächtigung durch Rechtsverordnung auf die Landesjustizverwaltungen übertragen.

§ 8

(weggefallen)

§ 9

(1) Rechte, die dem jeweiligen Eigentümer eines Grundstücks zustehen, sind auf Antrag auch auf dem Blatt dieses Grundstücks zu vermerken. Antragsberechtigt ist der Eigentümer des Grundstücks sowie jeder, dessen Zustimmung nach § 876 Satz 2 des Bürgerlichen Gesetzbuchs zur Aufhebung des Rechtes erforderlich ist.

(2) Der Vermerk ist von Amts wegen zu berichtigen, wenn das Recht geändert oder aufgehoben wird.

(3) Die Eintragung des Vermerks (Absatz 1) ist auf dem Blatt des belasteten Grundstücks von Amts wegen ersichtlich zu machen.

§ 10

(1) Grundbücher und Urkunden, auf die eine Eintragung sich gründet oder Bezug nimmt, hat das Grundbuchamt dauernd aufzubewahren. Eine Urkunde nach Satz 1 darf nur herausgegeben werden, wenn statt der Urkunde eine beglaubigte Abschrift bei dem Grundbuchamt bleibt.

(2) Das Bundesministerium der Justiz und für Verbraucherschutz wird ermächtigt, durch Rechtsverordnung, die der Zustimmung des Bundesrates bedarf, zu bestimmen, daß statt einer beglaubigten Abschrift der Urkunde eine Verweisung auf die anderen Akten genügt, wenn eine der in Absatz 1 bezeichneten Urkunden in anderen Akten des das Grundbuch führenden Amtsgerichts enthalten ist.

(3) (weggefallen)

(4) (weggefallen)

§ 10a

(1) Geschlossene Grundbücher können als Wiedergabe auf einem Bildträger oder auf anderen Datenträgern aufbewahrt werden, wenn sichergestellt ist, daß die Wiedergabe oder die Daten innerhalb angemessener Zeit lesbar gemacht werden können. Die Landesjustizverwaltungen bestimmen durch allgemeine Verwaltungsanordnung Zeitpunkt und Umfang dieser Art der Aufbewahrung und die Einzelheiten der Durchführung.

(2) Bei der Herstellung der Bild- oder sonstigen Datenträger ist ein schriftlicher Nachweis anzufertigen, dass die Wiedergabe mit dem Original des Grundbuchs übereinstimmt. Weist das Original farbliche Eintragungen auf, die in der Wiedergabe nicht als solche erkennbar sind, ist dies in dem schriftlichen Nachweis anzugeben. Die Originale der geschlossenen Grundbücher können ausgesondert werden.

(3) Durch Rechtsverordnung des Bundesministeriums der Justiz und für Verbraucherschutz mit Zustimmung des Bundesrates kann vorgesehen werden, daß für die Führung des Grundbuchs nicht mehr benötigte, bei den Grundakten befindliche Schriftstücke ausgesondert werden können. Welche Schriftstücke dies sind und unter welchen Voraussetzungen sie ausgesondert werden können, ist in der Rechtsverordnung nach Satz 1 zu bestimmen.

§ 11

Eine Eintragung in das Grundbuch ist nicht aus dem Grunde unwirksam, weil derjenige, der sie bewirkt hat, von der Mitwirkung kraft Gesetzes ausgeschlossen ist.

§ 12

(1) Die Einsicht des Grundbuchs ist jedem gestattet, der ein berechtigtes Interesse darlegt. Das gleiche gilt von Urkunden, auf die im Grundbuch zur Ergänzung einer Eintragung Bezug genommen ist, sowie von den noch nicht erledigten Eintragungsanträgen.

(2) Soweit die Einsicht des Grundbuchs, der im Absatz 1 bezeichneten Urkunden und der noch nicht erledigten Eintragungsanträge gestattet ist, kann eine Abschrift gefordert werden; die Abschrift ist auf Verlangen zu beglaubigen.

(3) Das Bundesministerium der Justiz und für Verbraucherschutz kann durch Rechtsverordnung mit Zustimmung des Bundesrates bestimmen, dass

1. über die Absätze 1 und 2 hinaus die Einsicht in sonstige sich auf das Grundbuch beziehende Dokumente gestattet ist und Abschriften hiervon gefordert werden können;

2. bei Behörden von der Darlegung des berechtigten Interesses abgesehen werden kann, ebenso bei solchen Personen, bei denen es auf Grund ihres Amtes oder ihrer Tätigkeit gerechtfertigt ist.

(4) Über Einsichten in Grundbücher und Grundakten sowie über die Erteilung von Abschriften aus Grundbüchern und Grundakten ist ein Protokoll zu führen. Dem Eigentümer des betroffenen Grundstücks oder dem Inhaber eines grundstücksgleichen Rechts ist auf Verlangen Auskunft aus diesem Protokoll zu geben, es sei denn, die Bekanntgabe würde den Erfolg strafrechtlicher Ermittlungen oder die Aufgabenwahrnehmung einer Verfassungsschutzbehörde, des Bundesnachrichtendienstes oder des Militärischen Abschirmdienstes gefährden. Das Protokoll kann nach Ablauf von zwei Jahren vernichtet werden. Einer Protokollierung bedarf es nicht, wenn die Einsicht oder Abschrift dem Auskunftsberechtigten nach Satz 2 gewährt wird. [2]

§ 12a

(1) Die Grundbuchämter dürfen auch ein Verzeichnis der Eigentümer und der Grundstücke sowie mit Genehmigung der Landesjustizverwaltung weitere, für die Führung des Grundbuchs erforderliche Verzeichnisse einrichten und, auch in maschineller Form, führen. Eine Verpflichtung, diese Verzeichnisse auf dem neuesten Stand zu halten, besteht nicht; eine Haftung bei nicht richtiger Auskunft besteht nicht. Aus öffentlich zugänglich gemachten Verzeichnissen dieser Art sind Auskünfte zu erteilen, soweit ein solches Verzeichnis der Auffindung der Grundbuchblätter dient, zur Einsicht in das Grundbuch oder für den Antrag auf Erteilung von Abschriften erforderlich ist und die Voraussetzungen für die Einsicht in das Grundbuch gegeben sind. Unter den Voraussetzungen des § 12 kann Auskunft aus Verzeichnissen nach Satz 1 auch gewährt werden, wenn damit die Einsicht in das Grundbuch entbehrlich wird. Inländischen Gerichten, Behörden und Notaren kann auch die Einsicht in den entsprechenden Teil des Verzeichnisses gewährt werden. Ein Anspruch auf Erteilung von Abschriften aus dem Verzeichnis besteht nicht. Für maschinell geführte Verzeichnisse gelten § 126 Abs. 2 und § 133 entsprechend.

(2) Als Verzeichnis im Sinne des Absatzes 1 kann mit Genehmigung der Landesjustizverwaltung auch das Liegenschaftskataster verwendet werden.

(3) Über Einsichten in Verzeichnisse nach Absatz 1 oder die Erteilung von Auskünften aus solchen Verzeichnissen, durch die personenbezogene Daten bekanntgegeben werden, ist ein Protokoll zu führen. § 12 Absatz 4 Satz 2 bis 4 gilt entsprechend. [3]

§ 12b

(1) Nach der Übertragung von geschlossenen Grundbüchern und Grundakten auf einen Bild- oder sonstigen Datenträger in einem Verfahren nach § 10a Absatz 1 und 2, § 128 Absatz 3 oder § 138 Absatz 1 kann eine Einsicht in die vom Grundbuchamt weiter aufbewahrten Originale nicht mehr

---

[2] (+++ § 12 Abs. 4: Zur Anwendung in Baden-Württemberg vgl. § 149 Abs. 3 F. 1.10.2013 +++)

[3] (+++ § 12a Abs. 3: Zur Anwendung in Baden-Württemberg vgl. § 149 Abs. 3 F. 1.10.2013 +++)

verlangt werden. Werden die Originale nach ihrer Aussonderung durch eine andere Stelle als das Grundbuchamt aufbewahrt, bestimmt sich die Einsicht nach Landesrecht.

(2) Soweit in dem in Artikel 3 des Einigungsvertrages genannten Gebiet Grundakten und frühere Grundbücher von anderen als den grundbuchführenden Stellen aufbewahrt werden, gilt § 12 entsprechend.

§ 12c

(1) Der Urkundsbeamte der Geschäftsstelle entscheidet über:

1. die Gestattung der Einsicht in das Grundbuch oder die in § 12 bezeichneten Akten und Anträge sowie die Erteilung von Abschriften hieraus, soweit nicht Einsicht zu wissenschaftlichen oder Forschungszwecken begehrt wird;

2. die Erteilung von Auskünften nach § 12a oder die Gewährung der Einsicht in ein dort bezeichnetes Verzeichnis;

3. die Erteilung von Auskünften in den sonstigen gesetzlich vorgesehenen Fällen;

4. die Anträge auf Rückgabe von Urkunden und Versendung von Grundakten an inländische Gerichte oder Behörden.

(2) Der Urkundsbeamte der Geschäftsstelle ist ferner zuständig für

1. die Beglaubigung von Abschriften (Absatz 1 Nr. 1), auch soweit ihm die Entscheidung über die Erteilung nicht zusteht; jedoch kann statt des Urkundsbeamten ein von der Leitung des Amtsgerichts ermächtigter Justizangestellter die Beglaubigung vornehmen;

2. die Verfügungen und Eintragungen zur Erhaltung der Übereinstimmung zwischen dem Grundbuch und dem amtlichen Verzeichnis nach § 2 Abs. 2 oder einem sonstigen, hiermit in Verbindung stehenden Verzeichnis, mit Ausnahme der Verfügungen und Eintragungen, die zugleich eine Berichtigung rechtlicher Art oder eine Berichtigung eines Irrtums über das Eigentum betreffen;

3. die Entscheidungen über Ersuchen des Gerichts um Eintragung oder Löschung des Vermerks über die Eröffnung des Insolvenzverfahrens und über die Verfügungsbeschränkungen nach der Insolvenzordnung oder des Vermerks über die Einleitung eines Zwangsversteigerungs- und Zwangsverwaltungsverfahrens;

3a. die Entscheidungen über Ersuchen um Eintragung und Löschung von Anmeldevermerken gemäß § 30b Absatz 1 des Vermögensgesetzes;

4. die Berichtigung der Eintragung des Namens, des Berufs oder des Wohnortes natürlicher Personen im Grundbuch;

5. die Anfertigung der Nachweise nach § 10a Abs. 2.

(3) Die Vorschrift des § 6 des Gesetzes über das Verfahren in Familiensachen und in den Angelegenheiten der freiwilligen Gerichtsbarkeit ist auf den Urkundsbeamten der Geschäftsstelle sinngemäß anzuwenden. Handlungen des Urkundsbeamten der Geschäftsstelle sind nicht aus

dem Grunde unwirksam, weil sie von einem örtlich unzuständigen oder von der Ausübung seines Amtes kraft Gesetzes ausgeschlossenen Urkundsbeamten vorgenommen worden sind.

(4) Wird die Änderung einer Entscheidung des Urkundsbeamten der Geschäftsstelle verlangt, so entscheidet, wenn dieser dem Verlangen nicht entspricht, die für die Führung des Grundbuchs zuständige Person. Die Beschwerde findet erst gegen ihre Entscheidung statt.

(5) In den Fällen des § 12b Absatz 2 entscheidet über die Gewährung von Einsicht oder die Erteilung von Abschriften die Leitung der Stelle oder ein von ihm hierzu ermächtigter Bediensteter. Gegen die Entscheidung ist die Beschwerde nach dem Vierten Abschnitt gegeben. Örtlich zuständig ist das Gericht, in dessen Bezirk die Stelle ihren Sitz hat.

Zweiter Abschnitt

Eintragungen in das Grundbuch

§ 13

(1) Eine Eintragung soll, soweit nicht das Gesetz etwas anderes vorschreibt, nur auf Antrag erfolgen. Antragsberechtigt ist jeder, dessen Recht von der Eintragung betroffen wird oder zu dessen Gunsten die Eintragung erfolgen soll.

(2) Der genaue Zeitpunkt, in dem ein Antrag beim Grundbuchamt eingeht, soll auf dem Antrag vermerkt werden. Der Antrag ist beim Grundbuchamt eingegangen, wenn er einer zur Entgegennahme zuständigen Person vorgelegt ist. Wird er zur Niederschrift einer solchen Person gestellt, so ist er mit Abschluß der Niederschrift eingegangen.

(3) Für die Entgegennahme eines auf eine Eintragung gerichteten Antrags oder Ersuchens und die Beurkundung des Zeitpunkts, in welchem der Antrag oder das Ersuchen beim Grundbuchamt eingeht, sind nur die für die Führung des Grundbuchs über das betroffene Grundstück zuständige Person und der von der Leitung des Amtsgerichts für das ganze Grundbuchamt oder einzelne Abteilungen hierzu bestellte Beamte (Angestellte) der Geschäftsstelle zuständig. Bezieht sich der Antrag oder das Ersuchen auf mehrere Grundstücke in verschiedenen Geschäftsbereichen desselben Grundbuchamts, so ist jeder zuständig, der nach Satz 1 in Betracht kommt.

§ 14

Die Berichtigung des Grundbuchs durch Eintragung eines Berechtigten darf auch von demjenigen beantragt werden, welcher auf Grund eines gegen den Berechtigten vollstreckbaren Titels eine Eintragung in das Grundbuch verlangen kann, sofern die Zulässigkeit dieser Eintragung von der vorgängigen Berichtigung des Grundbuchs abhängt.

§ 15

(1) Für die Eintragungsbewilligung und die sonstigen Erklärungen, die zu der Eintragung erforderlich sind und in öffentlicher oder öffentlich beglaubigter Form abgegeben werden, können sich die Beteiligten auch durch Personen vertreten lassen, die nicht nach § 10 Abs. 2 des Gesetzes über das Verfahren in Familiensachen und in den Angelegenheiten der freiwilligen Gerichtsbarkeit vertretungsbefugt sind. Dies gilt auch für die Entgegennahme von Eintragungsmitteilungen und Verfügungen des Grundbuchamtes nach § 18.

(2) Ist die zu einer Eintragung erforderliche Erklärung von einem Notar beurkundet oder beglaubigt, so gilt dieser als ermächtigt, im Namen eines Antragsberechtigten die Eintragung zu beantragen.

(3) Die zu einer Eintragung erforderlichen Erklärungen sind vor ihrer Einreichung für das Grundbuchamt von einem Notar auf Eintragungsfähigkeit zu prüfen. Dies gilt nicht, wenn die Erklärung von einer öffentlichen Behörde abgegeben wird.

§ 16

(1) Einem Eintragungsantrag, dessen Erledigung an einen Vorbehalt geknüpft wird, soll nicht stattgegeben werden.

(2) Werden mehrere Eintragungen beantragt, so kann von dem Antragsteller bestimmt werden, daß die eine Eintragung nicht ohne die andere erfolgen soll.

§ 17

Werden mehrere Eintragungen beantragt, durch die dasselbe Recht betroffen wird, so darf die später beantragte Eintragung nicht vor der Erledigung des früher gestellten Antrags erfolgen.

§ 18

(1) Steht einer beantragten Eintragung ein Hindernis entgegen, so hat das Grundbuchamt entweder den Antrag unter Angabe der Gründe zurückzuweisen oder dem Antragsteller eine angemessene Frist zur Hebung des Hindernisses zu bestimmen. Im letzteren Fall ist der Antrag nach dem Ablauf der Frist zurückzuweisen, wenn nicht inzwischen die Hebung des Hindernisses nachgewiesen ist.

(2) Wird vor der Erledigung des Antrags eine andere Eintragung beantragt, durch die dasselbe Recht betroffen wird, so ist zugunsten des früher gestellten Antrags von Amts wegen eine Vormerkung oder ein Widerspruch einzutragen; die Eintragung gilt im Sinne des § 17 als Erledigung dieses Antrags. Die Vormerkung oder der Widerspruch wird von Amts wegen gelöscht, wenn der früher gestellte Antrag zurückgewiesen wird.

§ 19

Eine Eintragung erfolgt, wenn derjenige sie bewilligt, dessen Recht von ihr betroffen wird.

§ 20

Im Falle der Auflassung eines Grundstücks sowie im Falle der Bestellung, Änderung des Inhalts oder Übertragung eines Erbbaurechts darf die Eintragung nur erfolgen, wenn die erforderliche Einigung des Berechtigten und des anderen Teils erklärt ist.

§ 21

Steht ein Recht, das durch die Eintragung betroffen wird, dem jeweiligen Eigentümer eines Grundstücks zu, so bedarf es der Bewilligung der Personen, deren Zustimmung nach § 876 Satz 2 des Bürgerlichen Gesetzbuchs zur Aufhebung des Rechtes erforderlich ist, nur dann, wenn das Recht auf dem Blatt des Grundstücks vermerkt ist.

§ 22

(1) Zur Berichtigung des Grundbuchs bedarf es der Bewilligung nach § 19 nicht, wenn die Unrichtigkeit nachgewiesen wird. Dies gilt insbesondere für die Eintragung oder Löschung einer Verfügungsbeschränkung.

(2) Die Berichtigung des Grundbuchs durch Eintragung eines Eigentümers oder eines Erbbauberechtigten darf, sofern nicht der Fall des § 14 vorliegt oder die Unrichtigkeit nachgewiesen wird, nur mit Zustimmung des Eigentümers oder des Erbbauberechtigten erfolgen.

§ 23

(1) Ein Recht, das auf die Lebenszeit des Berechtigten beschränkt ist, darf nach dessen Tod, falls Rückstände von Leistungen nicht ausgeschlossen sind, nur mit Bewilligung des Rechtsnachfolgers gelöscht werden, wenn die Löschung vor dem Ablauf eines Jahres nach dem Tod des Berechtigten erfolgen soll oder wenn der Rechtsnachfolger der Löschung bei dem Grundbuchamt widersprochen hat; der Widerspruch ist von Amts wegen in das Grundbuch einzutragen. Ist der Berechtigte für tot erklärt, so beginnt die einjährige Frist mit dem Erlaß des die Todeserklärung aussprechenden Urteils.

(2) Der im Absatz 1 vorgesehenen Bewilligung des Rechtsnachfolgers bedarf es nicht, wenn im Grundbuch eingetragen ist, daß zur Löschung des Rechtes der Nachweis des Todes des Berechtigten genügen soll.

§ 24

Die Vorschriften des § 23 sind entsprechend anzuwenden, wenn das Recht mit der Erreichung eines bestimmten Lebensalters des Berechtigten oder mit dem Eintritt eines sonstigen bestimmten Zeitpunkts oder Ereignisses erlischt.

§ 25

Ist eine Vormerkung oder ein Widerspruch auf Grund einer einstweiligen Verfügung eingetragen, so bedarf es zur Löschung nicht der Bewilligung des Berechtigten, wenn die einstweilige Verfügung durch eine vollstreckbare Entscheidung aufgehoben ist. Diese Vorschrift ist entsprechend anzuwenden, wenn auf Grund eines vorläufig vollstreckbaren Urteils nach den Vorschriften der Zivilprozeßordnung oder auf Grund eines Bescheides nach dem Vermögensgesetz eine Vormerkung oder ein Widerspruch eingetragen ist.

§ 26

(1) Soll die Übertragung einer Hypothek, Grundschuld oder Rentenschuld, über die ein Brief erteilt ist, eingetragen werden, so genügt es, wenn an Stelle der Eintragungsbewilligung die Abtretungserklärung des bisherigen Gläubigers vorgelegt wird.

(2) Diese Vorschrift ist entsprechend anzuwenden, wenn eine Belastung der Hypothek, Grundschuld oder Rentenschuld oder die Übertragung oder Belastung einer Forderung, für die ein eingetragenes Recht als Pfand haftet, eingetragen werden soll.

§ 27

Eine Hypothek, eine Grundschuld oder eine Rentenschuld darf nur mit Zustimmung des Eigentümers des Grundstücks gelöscht werden. Für eine Löschung zur Berichtigung des Grundbuchs ist die Zustimmung nicht erforderlich, wenn die Unrichtigkeit nachgewiesen wird.

§ 28

In der Eintragungsbewilligung oder, wenn eine solche nicht erforderlich ist, in dem Eintragungsantrag ist das Grundstück übereinstimmend mit dem Grundbuch oder durch Hinweis auf das Grundbuchblatt zu bezeichnen. Einzutragende Geldbeträge sind in inländischer Währung anzugeben; durch Rechtsverordnung des Bundesministeriums der Justiz und für Verbraucherschutz im Einvernehmen mit dem Bundesministerium der Finanzen kann die Angabe in einer einheitlichen europäischen Währung, in der Währung eines Mitgliedstaats der Europäischen Union oder des Europäischen Wirtschaftsraums oder einer anderen Währung, gegen die währungspolitische Bedenken nicht zu erheben sind, zugelassen und, wenn gegen die Fortdauer dieser Zulassung währungspolitische Bedenken bestehen, wieder eingeschränkt werden.

§ 29

(1) Eine Eintragung soll nur vorgenommen werden, wenn die Eintragungsbewilligung oder die sonstigen zu der Eintragung erforderlichen Erklärungen durch öffentliche oder öffentlich beglaubigte Urkunden nachgewiesen werden. Andere Voraussetzungen der Eintragung bedürfen, soweit sie nicht bei dem Grundbuchamt offenkundig sind, des Nachweises durch öffentliche Urkunden.

(2) (weggefallen)

(3) Erklärungen oder Ersuchen einer Behörde, auf Grund deren eine Eintragung vorgenommen werden soll, sind zu unterschreiben und mit Siegel oder Stempel zu versehen. Anstelle der Siegelung kann maschinell ein Abdruck des Dienstsiegels eingedruckt oder aufgedruckt werden.

§ 29a

Die Voraussetzungen des § 1179 Nr. 2 des Bürgerlichen Gesetzbuchs sind glaubhaft zu machen; § 29 gilt hierfür nicht.

§ 30

Für den Eintragungsantrag sowie für die Vollmacht zur Stellung eines solchen gelten die Vorschriften des § 29 nur, wenn durch den Antrag zugleich eine zu der Eintragung erforderliche Erklärung ersetzt werden soll.

§ 31

Eine Erklärung, durch die ein Eintragungsantrag zurückgenommen wird, bedarf der in § 29 Abs. 1 Satz 1 und Abs. 3 vorgeschriebenen Form. Dies gilt nicht, sofern der Antrag auf eine Berichtigung des Grundbuchs gerichtet ist. Satz 1 gilt für eine Erklärung, durch die eine zur Stellung des Eintragungsantrags erteilte Vollmacht widerrufen wird, entsprechend.

§ 32

(1) Die im Handels-, Genossenschafts-, Partnerschafts- oder Vereinsregister eingetragenen Vertretungsberechtigungen, Sitzverlegungen, Firmen- oder Namensänderungen sowie das Bestehen juristischer Personen und Gesellschaften können durch eine Bescheinigung nach § 21 Absatz 1 der Bundesnotarordnung nachgewiesen werden. Dasselbe gilt für sonstige rechtserhebliche Umstände, die sich aus Eintragungen im Register ergeben, insbesondere für Umwandlungen. Der Nachweis kann auch durch einen amtlichen Registerausdruck oder eine beglaubigte Registerabschrift geführt werden.

(2) Wird das Register elektronisch geführt, kann in den Fällen des Absatzes 1 Satz 1 der Nachweis auch durch die Bezugnahme auf das Register geführt werden. Dabei sind das Registergericht und das Registerblatt anzugeben.

§ 33

(1) Der Nachweis, dass zwischen Ehegatten oder Lebenspartnern Gütertrennung oder ein vertragsmäßiges Güterrecht besteht oder dass ein Gegenstand zum Vorbehaltsgut eines Ehegatten oder Lebenspartners gehört, kann durch ein Zeugnis des Gerichts über die Eintragung des güterrechtlichen Verhältnisses im Güterrechtsregister geführt werden.

(2) Ist das Grundbuchamt zugleich das Registergericht, so genügt statt des Zeugnisses nach Absatz 1 die Bezugnahme auf das Register.

§ 34

Eine durch Rechtsgeschäft erteilte Vertretungsmacht kann auch durch eine Bescheinigung nach § 21 Absatz 3 der Bundesnotarordnung nachgewiesen werden.

§ 35

(1) Der Nachweis der Erbfolge kann nur durch einen Erbschein oder ein Europäisches Nachlasszeugnis geführt werden. Beruht jedoch die Erbfolge auf einer Verfügung von Todes wegen, die in einer öffentlichen Urkunde enthalten ist, so genügt es, wenn an Stelle des Erbscheins oder des Europäischen Nachlasszeugnisses die Verfügung und die Niederschrift über die Eröffnung der Verfügung vorgelegt werden; erachtet das Grundbuchamt die Erbfolge durch diese Urkunden nicht für nachgewiesen, so kann es die Vorlegung eines Erbscheins oder eines Europäischen Nachlasszeugnisses verlangen.

(2) Das Bestehen der fortgesetzten Gütergemeinschaft sowie die Befugnis eines Testamentsvollstreckers zur Verfügung über einen Nachlaßgegenstand ist nur auf Grund der in den §§ 1507, 2368 des Bürgerlichen Gesetzbuchs vorgesehenen Zeugnisse oder eines Europäischen Nachlasszeugnisses als nachgewiesen anzunehmen; auf den Nachweis der Befugnis des Testamentsvollstreckers sind jedoch die Vorschriften des Absatzes 1 Satz 2 entsprechend anzuwenden.

(3) Zur Eintragung des Eigentümers oder Miteigentümers eines Grundstücks kann das Grundbuchamt von den in den Absätzen 1 und 2 genannten Beweismitteln absehen und sich mit anderen Beweismitteln, für welche die Form des § 29 nicht erforderlich ist, begnügen, wenn das Grundstück oder der Anteil am Grundstück weniger als 3 000 Euro wert ist und die Beschaffung des Erbscheins, des Europäischen Nachlasszeugnisses oder des Zeugnisses nach § 1507 des

Bürgerlichen Gesetzbuchs nur mit unverhältnismäßigem Aufwand an Kosten oder Mühe möglich ist. Der Antragsteller kann auch zur Versicherung an Eides Statt zugelassen werden.

§ 36

(1) Soll bei einem zum Nachlass oder zu dem Gesamtgut einer Gütergemeinschaft gehörenden Grundstück oder Erbbaurecht einer der Beteiligten als Eigentümer oder Erbbauberechtigter eingetragen werden, so genügt zum Nachweis der Rechtsnachfolge und der zur Eintragung des Eigentumsübergangs erforderlichen Erklärungen der Beteiligten ein gerichtliches Zeugnis. Das Zeugnis erteilt

1. das Nachlassgericht, wenn das Grundstück oder das Erbbaurecht zu einem Nachlass gehört,

2. das nach § 343 des Gesetzes über das Verfahren in Familiensachen und in den Angelegenheiten der freiwilligen Gerichtsbarkeit zuständige Amtsgericht, wenn ein Anteil an dem Gesamtgut zu einem Nachlass gehört, und

3. im Übrigen das nach § 122 des Gesetzes über das Verfahren in Familiensachen und in den Angelegenheiten der freiwilligen Gerichtsbarkeit zuständige Amtsgericht.

(2) Das Zeugnis darf nur ausgestellt werden, wenn:

a) die Voraussetzungen für die Erteilung eines Erbscheins vorliegen oder der Nachweis der Gütergemeinschaft durch öffentliche Urkunden erbracht ist und

b) die Abgabe der Erklärungen der Beteiligten in einer den Vorschriften der Grundbuchordnung entsprechenden Weise dem nach Absatz 1 Satz 2 zuständigen Gericht nachgewiesen ist.

(2a) Ist ein Erbschein über das Erbrecht sämtlicher Erben oder ein Zeugnis über die Fortsetzung der Gütergemeinschaft erteilt, so ist auch der Notar, der die Auseinandersetzung vermittelt hat, für die Erteilung des Zeugnisses nach Absatz 1 Satz 1 zuständig.

(3) Die Vorschriften über die Zuständigkeit zur Entgegennahme der Auflassung bleiben unberührt.

§ 37

Die Vorschriften des § 36 sind entsprechend anzuwenden, wenn bei einer Hypothek, Grundschuld oder Rentenschuld, die zu einem Nachlaß oder zu dem Gesamtgut einer Gütergemeinschaft gehört, einer der Beteiligten als neuer Gläubiger eingetragen werden soll.

§ 38

In den Fällen, in denen nach gesetzlicher Vorschrift eine Behörde befugt ist, das Grundbuchamt um eine Eintragung zu ersuchen, erfolgt die Eintragung auf Grund des Ersuchens der Behörde.

§ 39

(1) Eine Eintragung soll nur erfolgen, wenn die Person, deren Recht durch sie betroffen wird, als der Berechtigte eingetragen ist.

(2) Bei einer Hypothek, Grundschuld oder Rentenschuld, über die ein Brief erteilt ist, steht es der Eintragung des Gläubigers gleich, wenn dieser sich im Besitz des Briefes befindet und sein Gläubigerrecht nach § 1155 des Bürgerlichen Gesetzbuchs nachweist.

§ 40

(1) Ist die Person, deren Recht durch eine Eintragung betroffen wird, Erbe des eingetragenen Berechtigten, so ist die Vorschrift des § 39 Abs. 1 nicht anzuwenden, wenn die Übertragung oder die Aufhebung des Rechts eingetragen werden soll oder wenn der Eintragungsantrag durch die Bewilligung des Erblassers oder eines Nachlaßpflegers oder durch einen gegen den Erblasser oder den Nachlaßpfleger vollstreckbaren Titel begründet wird.

(2) Das gleiche gilt für eine Eintragung auf Grund der Bewilligung eines Testamentsvollstreckers oder auf Grund eines gegen diesen vollstreckbaren Titels, sofern die Bewilligung oder der Titel gegen den Erben wirksam ist.

§ 41

(1) Bei einer Hypothek, über die ein Brief erteilt ist, soll eine Eintragung nur erfolgen, wenn der Brief vorgelegt wird. Für die Eintragung eines Widerspruchs bedarf es der Vorlegung nicht, wenn die Eintragung durch eine einstweilige Verfügung angeordnet ist und der Widerspruch sich darauf gründet, daß die Hypothek oder die Forderung, für welche sie bestellt ist, nicht bestehe oder einer Einrede unterliege oder daß die Hypothek unrichtig eingetragen sei. Der Vorlegung des Briefes bedarf es nicht für die Eintragung einer Löschungsvormerkung nach § 1179 des Bürgerlichen Gesetzbuchs.

(2) Der Vorlegung des Hypothekenbriefs steht es gleich, wenn in den Fällen der §§ 1162, 1170, 1171 des Bürgerlichen Gesetzbuchs auf Grund des Ausschließungsbeschlusses die Erteilung eines neuen Briefes beantragt wird. Soll die Erteilung des Briefes nachträglich ausgeschlossen oder die Hypothek gelöscht werden, so genügt die Vorlegung des Ausschlußurteils.

§ 42

Die Vorschriften des § 41 sind auf die Grundschuld und die Rentenschuld entsprechend anzuwenden. Ist jedoch das Recht für den Inhaber des Briefes eingetragen, so bedarf es der Vorlegung des Briefes nur dann nicht, wenn der Eintragungsantrag durch die Bewilligung eines nach § 1189 des Bürgerlichen Gesetzbuchs bestellten Vertreters oder durch eine gegen ihn erlassene gerichtliche Entscheidung begründet wird.

§ 43

(1) Bei einer Hypothek für die Forderung aus einer Schuldverschreibung auf den Inhaber, aus einem Wechsel oder einem anderen Papier, das durch Indossament übertragen werden kann, soll eine Eintragung nur erfolgen, wenn die Urkunde vorgelegt wird; die Eintragung ist auf der Urkunde zu vermerken.

(2) Diese Vorschrift ist nicht anzuwenden, wenn eine Eintragung auf Grund der Bewilligung eines nach § 1189 des Bürgerlichen Gesetzbuchs bestellten Vertreters oder auf Grund einer gegen diesen erlassenen gerichtlichen Entscheidung bewirkt werden soll.

§ 44

(1) Jede Eintragung soll den Tag, an welchem sie erfolgt ist, angeben. Die Eintragung soll, sofern nicht nach § 12c Abs. 2 Nr. 2 bis 4 der Urkundsbeamte der Geschäftsstelle zuständig ist, die für die Führung des Grundbuchs zuständige Person, regelmäßig unter Angabe des Wortlauts, verfügen und der Urkundsbeamte der Geschäftsstelle veranlassen; sie ist von beiden zu unterschreiben, jedoch kann statt des Urkundsbeamten ein von der Leitung des Amtsgerichts ermächtigter Justizangestellter unterschreiben. In den Fällen des § 12c Abs. 2 Nr. 2 bis 4 haben der Urkundsbeamte der Geschäftsstelle und zusätzlich entweder ein zweiter Beamter der Geschäftsstelle oder ein von der Leitung des Amtsgerichts ermächtigter Justizangestellter die Eintragung zu unterschreiben.

(2) Soweit nicht gesetzlich etwas anderes bestimmt ist und der Umfang der Belastung aus dem Grundbuch erkennbar bleibt, soll bei der Eintragung eines Rechts, mit dem ein Grundstück belastet wird, auf die Eintragungsbewilligung Bezug genommen werden. Hierbei sollen in der Bezugnahme der Name des Notars, der Notarin oder die Bezeichnung des Notariats und jeweils die Nummer der Urkundenrolle, bei Eintragungen auf Grund eines Ersuchens (§ 38) die Bezeichnung der ersuchenden Stelle und deren Aktenzeichen angegeben werden. Bei der Eintragung von Dienstbarkeiten und Reallasten soll der Inhalt des Rechts im Eintragungstext lediglich schlagwortartig bezeichnet werden; das Gleiche gilt bei der Eintragung von Vormerkungen für solche Rechte.

(3) Bei der Umschreibung eines Grundbuchblatts, der Neufassung eines Teils eines Grundbuchblatts und in sonstigen Fällen der Übernahme von Eintragungen auf ein anderes, bereits angelegtes oder neu anzulegendes Grundbuchblatt soll, sofern hierdurch der Inhalt der Eintragung nicht verändert wird, die Bezugnahme auf die Eintragungsbewilligung oder andere Unterlagen bis zu dem Umfange nachgeholt oder erweitert werden, wie sie nach Absatz 2 zulässig wäre. Im gleichen Umfang kann auf die bisherige Eintragung Bezug genommen werden, wenn ein Recht bisher mit seinem vollständigen Wortlaut im Grundbuch eingetragen ist. Sofern hierdurch der Inhalt der Eintragung nicht verändert wird, kann auch von dem ursprünglichen Text der Eintragung abgewichen werden.

§ 45

(1) Sind in einer Abteilung des Grundbuchs mehrere Eintragungen zu bewirken, so erhalten sie die Reihenfolge, welche der Zeitfolge der Anträge entspricht; sind die Anträge gleichzeitig gestellt, so ist im Grundbuch zu vermerken, daß die Eintragungen gleichen Rang haben.

(2) Werden mehrere Eintragungen, die nicht gleichzeitig beantragt sind, in verschiedenen Abteilungen unter Angabe desselben Tages bewirkt, so ist im Grundbuch zu vermerken, daß die später beantragte Eintragung der früher beantragten im Rang nachsteht.

(3) Diese Vorschriften sind insoweit nicht anzuwenden, als ein Rangverhältnis nicht besteht oder das Rangverhältnis von den Antragstellern abweichend bestimmt ist.

§ 46

(1) Die Löschung eines Rechtes oder einer Verfügungsbeschränkung erfolgt durch Eintragung eines Löschungsvermerks.

(2) Wird bei der Übertragung eines Grundstücks oder eines Grundstücksteils auf ein anderes Blatt ein eingetragenes Recht nicht mitübertragen, so gilt es in Ansehung des Grundstücks oder des Teils als gelöscht.

§ 47

(1) Soll ein Recht für mehrere gemeinschaftlich eingetragen werden, so soll die Eintragung in der Weise erfolgen, daß entweder die Anteile der Berechtigten in Bruchteilen angegeben werden oder das für die Gemeinschaft maßgebende Rechtsverhältnis bezeichnet wird.

(2) Soll ein Recht für eine Gesellschaft bürgerlichen Rechts eingetragen werden, so sind auch deren Gesellschafter im Grundbuch einzutragen. Die für den Berechtigten geltenden Vorschriften gelten entsprechend für die Gesellschafter.

§ 48

(1) Werden mehrere Grundstücke mit einem Recht belastet, so ist auf dem Blatt jedes Grundstücks die Mitbelastung der übrigen von Amts wegen erkennbar zu machen. Das gleiche gilt, wenn mit einem an einem Grundstück bestehenden Recht nachträglich noch ein anderes Grundstück belastet oder wenn im Falle der Übertragung eines Grundstücksteils auf ein anderes Grundbuchblatt ein eingetragenes Recht mitübertragen wird.

(2) Soweit eine Mitbelastung erlischt, ist dies von Amts wegen zu vermerken.

§ 49

Werden Dienstbarkeiten und Reallasten als Leibgedinge, Leibzucht, Altenteil oder Auszug eingetragen, so bedarf es nicht der Bezeichnung der einzelnen Rechte, wenn auf die Eintragungsbewilligung Bezug genommen wird.

§ 50

(1) Bei der Eintragung einer Hypothek für Teilschuldverschreibungen auf den Inhaber genügt es, wenn der Gesamtbetrag der Hypothek unter Angabe der Anzahl, des Betrags und der Bezeichnung der Teile eingetragen wird.

(2) Diese Vorschrift ist entsprechend anzuwenden, wenn eine Grundschuld oder eine Rentenschuld für den Inhaber des Briefes eingetragen und das Recht in Teile zerlegt werden soll.

§ 51

Bei der Eintragung eines Vorerben ist zugleich das Recht des Nacherben und, soweit der Vorerbe von den Beschränkungen seines Verfügungsrechts befreit ist, auch die Befreiung von Amts wegen einzutragen.

§ 52

Ist ein Testamentsvollstrecker ernannt, so ist dies bei der Eintragung des Erben von Amts wegen miteinzutragen, es sei denn, daß der Nachlaßgegenstand der Verwaltung des Testamentsvollstreckers nicht unterliegt.

§ 53

(1) Ergibt sich, daß das Grundbuchamt unter Verletzung gesetzlicher Vorschriften eine Eintragung vorgenommen hat, durch die das Grundbuch unrichtig geworden ist, so ist von Amts wegen ein Widerspruch einzutragen. Erweist sich eine Eintragung nach ihrem Inhalt als unzulässig, so ist sie von Amts wegen zu löschen.

(2) Bei einer Hypothek, einer Grundschuld oder einer Rentenschuld bedarf es zur Eintragung eines Widerspruchs der Vorlegung des Briefes nicht, wenn der Widerspruch den im § 41 Abs. 1 Satz 2 bezeichneten Inhalt hat. Diese Vorschrift ist nicht anzuwenden, wenn der Grundschuld- oder Rentenschuldbrief auf den Inhaber ausgestellt ist.

§ 54

Die auf einem Grundstück ruhenden öffentlichen Lasten als solche sind von der Eintragung in das Grundbuch ausgeschlossen, es sei denn, daß ihre Eintragung gesetzlich besonders zugelassen oder angeordnet ist.

§ 55

(1) Jede Eintragung soll dem den Antrag einreichenden Notar, dem Antragsteller und dem eingetragenen Eigentümer sowie allen aus dem Grundbuch ersichtlichen Personen bekanntgemacht werden, zu deren Gunsten die Eintragung erfolgt ist oder deren Recht durch sie betroffen wird, die Eintragung eines Eigentümers auch denen, für die eine Hypothek, Grundschuld, Rentenschuld, Reallast oder ein Recht an einem solchen Recht im Grundbuch eingetragen ist.

(2) Steht ein Grundstück in Miteigentum, so ist die in Absatz 1 vorgeschriebene Bekanntmachung an den Eigentümer nur gegenüber den Miteigentümern vorzunehmen, auf deren Anteil sich die Eintragung bezieht. Entsprechendes gilt bei Miteigentum für die in Absatz 1 vorgeschriebene Bekanntmachung an einen Hypothekengläubiger oder sonstigen Berechtigten von der Eintragung eines Eigentümers.

(3) Veränderungen der grundbuchmäßigen Bezeichnung des Grundstücks und die Eintragung eines Eigentümers sind außerdem der Behörde bekanntzumachen, welche das in § 2 Abs. 2 bezeichnete amtliche Verzeichnis führt.

(4) Die Eintragung des Verzichts auf das Eigentum ist der für die Abgabe der Aneignungserklärung und der für die Führung des Liegenschaftskatasters zuständigen Behörde bekanntzumachen. In den Fällen des Artikels 233 § 15 Abs. 3 des Einführungsgesetzes zum Bürgerlichen Gesetzbuche erfolgt die Bekanntmachung nur gegenüber dem Landesfiskus und der Gemeinde, in deren Gebiet das Grundstück liegt; die Gemeinde unterrichtet ihr bekannte Berechtigte oder Gläubiger.

(5) Wird der in § 9 Abs. 1 vorgesehene Vermerk eingetragen, so hat das Grundbuchamt dies dem Grundbuchamt, welches das Blatt des belasteten Grundstücks führt, bekanntzumachen. Ist der Vermerk eingetragen, so hat das Grundbuchamt, welches das Grundbuchblatt des belasteten Grundstücks führt, jede Änderung oder Aufhebung des Rechts dem Grundbuchamt des herrschenden Grundstücks bekanntzumachen.

(6) Die Bekanntmachung hat die Eintragung wörtlich wiederzugeben. Sie soll auch die Stelle der Eintragung im Grundbuch und den Namen des Grundstückseigentümers, bei einem Eigentumswechsel auch den Namen des bisherigen Eigentümers angeben. In die Bekanntmachung können auch die Bezeichnung des betroffenen Grundstücks in dem in § 2 Abs. 2 genannten amtlichen Verzeichnis sowie bei einem Eigentumswechsel die Anschrift des neuen Eigentümers aufgenommen werden.

(7) Auf die Bekanntmachung kann ganz oder teilweise verzichtet werden.

(8) Sonstige Vorschriften über die Bekanntmachung von Eintragungen in das Grundbuch bleiben unberührt.

§ 55a

(1) Enthält ein beim Grundbuchamt eingegangenes Schriftstück Anträge oder Ersuchen, für deren Erledigung neben dem angegangenen Grundbuchamt auch noch ein anderes Grundbuchamt zuständig ist oder mehrere andere Grundbuchämter zuständig sind, so kann jedes der beteiligten Grundbuchämter den anderen beteiligten Grundbuchämtern Abschriften seiner Verfügungen mitteilen.

(2) Werden bei Gesamtrechten (§ 48) die Grundbücher bei verschiedenen Grundbuchämtern geführt, so sind die Eintragungen sowie die Verfügungen, durch die ein Antrag oder Ersuchen auf Eintragung zurückgewiesen wird, den anderen beteiligten Grundbuchämtern bekanntzugeben.

§ 55b

Soweit das Grundbuchamt auf Grund von Rechtsvorschriften im Zusammenhang mit Grundbucheintragungen Mitteilungen an Gerichte oder Behörden oder sonstige Stellen zu machen hat, muß der Betroffene nicht unterrichtet werden. Das gleiche gilt im Falle des § 55a.

Dritter Abschnitt

Hypotheken-, Grundschuld-, Rentenschuldbrief

§ 56

(1) Der Hypothekenbrief wird von dem Grundbuchamt erteilt. Er muß die Bezeichnung als Hypothekenbrief enthalten, den Geldbetrag der Hypothek und das belastete Grundstück bezeichnen sowie mit Unterschrift und Siegel oder Stempel versehen sein.

(2) Der Hypothekenbrief ist von der für die Führung des Grundbuchs zuständigen Person und dem Urkundsbeamten der Geschäftsstelle zu unterschreiben. Jedoch kann statt des Urkundsbeamten der Geschäftsstelle ein von der Leitung des Amtsgerichts ermächtigter Justizangestellter unterschreiben.

§ 57

(1) Der Hypothekenbrief soll die Nummer des Grundbuchblatts und den Inhalt der die Hypothek betreffenden Eintragungen enthalten. Das belastete Grundstück soll mit der laufenden Nummer bezeichnet werden, unter der es im Bestandsverzeichnis des Grundbuchs verzeichnet ist. Bei der

Hypothek eingetragene Löschungsvormerkungen nach § 1179 des Bürgerlichen Gesetzbuchs sollen in den Hypothekenbrief nicht aufgenommen werden.

(2) Ändern sich die in Absatz 1 Satz 1 und 2 bezeichneten Angaben, so ist der Hypothekenbrief auf Antrag zu ergänzen, soweit nicht die Ergänzung schon nach anderen Vorschriften vorzunehmen ist.

§ 58

(1) Ist eine Urkunde über die Forderung, für welche eine Hypothek besteht, ausgestellt, so soll die Urkunde mit dem Hypothekenbrief verbunden werden. Erstreckt sich der Inhalt der Urkunde auch auf andere Angelegenheiten, so genügt es, wenn ein öffentlich beglaubigter Auszug aus der Urkunde mit dem Hypothekenbrief verbunden wird.

(2) (weggefallen)

(3) Zum Nachweis, daß eine Schuldurkunde nicht ausgestellt ist, genügt eine darauf gerichtete Erklärung des Eigentümers.

§ 59

(1) Über eine Gesamthypothek soll nur ein Hypothekenbrief erteilt werden. Er ist nur von einer für die Führung des Grundbuchs zuständigen Person und von einem Urkundsbeamten der Geschäftsstelle oder ermächtigten Justizangestellten (§ 56 Abs. 2) zu unterschreiben, auch wenn bezüglich der belasteten Grundstücke insoweit verschiedene Personen zuständig sind.

(2) Werden die Grundbücher der belasteten Grundstücke von verschiedenen Grundbuchämtern geführt, so soll jedes Amt für die Grundstücke, deren Grundbuchblätter es führt, einen besonderen Brief erteilen; die Briefe sind miteinander zu verbinden.

§ 60

(1) Der Hypothekenbrief ist dem Eigentümer des Grundstücks, im Falle der nachträglichen Erteilung dem Gläubiger auszuhändigen.

(2) Auf eine abweichende Bestimmung des Eigentümers oder des Gläubigers ist die Vorschrift des § 29 Abs. 1 Satz 1 entsprechend anzuwenden.

§ 61

(1) Ein Teilhypothekenbrief kann von dem Grundbuchamt oder einem Notar hergestellt werden.

(2) Der Teilhypothekenbrief muß die Bezeichnung als Teilhypothekenbrief sowie eine beglaubigte Abschrift der im § 56 Abs. 1 Satz 2 vorgesehenen Angaben des bisherigen Briefes enthalten, den Teilbetrag der Hypothek, auf den er sich bezieht, bezeichnen sowie mit Unterschrift und Siegel oder Stempel versehen sein. Er soll außerdem eine beglaubigte Abschrift der sonstigen Angaben des bisherigen Briefes und der auf diesem befindlichen Vermerke enthalten. Eine mit dem bisherigen Brief verbundene Schuldurkunde soll in beglaubigter Abschrift mit dem Teilhypothekenbrief verbunden werden.

(3) Wird der Teilhypothekenbrief vom Grundbuchamt hergestellt, so ist auf die Unterschrift § 56 Abs. 2 anzuwenden.

(4) Die Herstellung des Teilhypothekenbriefes soll auf dem bisherigen Brief vermerkt werden.

§ 62

(1) Eintragungen, die bei der Hypothek erfolgen, sind von dem Grundbuchamt auf dem Hypothekenbrief zu vermerken; der Vermerk ist mit Unterschrift und Siegel oder Stempel zu versehen. Satz 1 gilt nicht für die Eintragung einer Löschungsvormerkung nach § 1179 des Bürgerlichen Gesetzbuchs.

(2) Auf die Unterschrift ist § 56 Abs. 2 anzuwenden.

(3) In den Fällen des § 53 Abs. 1 hat das Grundbuchamt den Besitzer des Briefes zur Vorlegung anzuhalten. In gleicher Weise hat es, wenn in den Fällen des § 41 Abs. 1 Satz 2 und des § 53 Abs. 2 der Brief nicht vorgelegt ist, zu verfahren, um nachträglich den Widerspruch auf dem Brief zu vermerken.

§ 63

Wird nach der Erteilung eines Hypothekenbriefs mit der Hypothek noch ein anderes, bei demselben Grundbuchamt gebuchtes Grundstück belastet, so ist, sofern nicht die Erteilung eines neuen Briefes über die Gesamthypothek beantragt wird, die Mitbelastung auf dem bisherigen Brief zu vermerken und zugleich der Inhalt des Briefes in Ansehung des anderen Grundstücks nach § 57 zu ergänzen.

§ 64

Im Falle der Verteilung einer Gesamthypothek auf die einzelnen Grundstücke ist für jedes Grundstück ein neuer Brief zu erteilen.

§ 65

(1) Tritt nach § 1177 Abs. 1 oder nach § 1198 des Bürgerlichen Gesetzbuchs eine Grundschuld oder eine Rentenschuld an die Stelle der Hypothek, so ist, sofern nicht die Erteilung eines neuen Briefes beantragt wird, die Eintragung der Rechtsänderung auf dem bisherigen Brief zu vermerken und eine mit dem Brief verbundene Schuldurkunde abzutrennen.

(2) Das gleiche gilt, wenn nach § 1180 des Bürgerlichen Gesetzbuchs an die Stelle der Forderung, für welche eine Hypothek besteht, eine andere Forderung gesetzt wird.

§ 66

Stehen einem Gläubiger mehrere Hypotheken zu, die gleichen Rang haben oder im Rang unmittelbar aufeinanderfolgen, so ist ihm auf seinen Antrag mit Zustimmung des Eigentümers über die mehreren Hypotheken ein Hypothekenbrief in der Weise zu erteilen, daß der Brief die sämtlichen Hypotheken umfaßt.

§ 67

Einem Antrag des Berechtigten auf Erteilung eines neuen Briefes ist stattzugeben, wenn der bisherige Brief oder in den Fällen der §§ 1162, 1170, 1171 des Bürgerlichen Gesetzbuchs der Ausschließungsbeschluss vorgelegt wird.

§ 68

(1) Wird ein neuer Brief erteilt, so hat er die Angabe zu enthalten, daß er an die Stelle des bisherigen Briefes tritt.

(2) Vermerke, die nach den §§ 1140, 1145, 1157 des Bürgerlichen Gesetzbuchs für das Rechtsverhältnis zwischen dem Eigentümer und dem Gläubiger in Betracht kommen, sind auf den neuen Brief zu übertragen.

(3) Die Erteilung des Briefes ist im Grundbuch zu vermerken.

§ 69

Wird eine Hypothek gelöscht, so ist der Brief unbrauchbar zu machen; das gleiche gilt, wenn die Erteilung des Briefes über eine Hypothek nachträglich ausgeschlossen oder an Stelle des bisherigen Briefes ein neuer Hypothekenbrief, ein Grundschuldbrief oder ein Rentenschuldbrief erteilt wird. Eine mit dem bisherigen Brief verbundene Schuldurkunde ist abzutrennen und, sofern sie nicht mit dem neuen Hypothekenbrief zu verbinden ist, zurückzugeben.

§ 70

(1) Die Vorschriften der §§ 56 bis 69 sind auf den Grundschuldbrief und den Rentenschuldbrief entsprechend anzuwenden. Der Rentenschuldbrief muß auch die Ablösungssumme angeben.

(2) Ist eine für den Inhaber des Briefes eingetragene Grundschuld oder Rentenschuld in Teile zerlegt, so ist über jeden Teil ein besonderer Brief herzustellen.

Vierter Abschnitt

Beschwerde

§ 71

(1) Gegen die Entscheidungen des Grundbuchamts findet das Rechtsmittel der Beschwerde statt.

(2) Die Beschwerde gegen eine Eintragung ist unzulässig. Im Wege der Beschwerde kann jedoch verlangt werden, daß das Grundbuchamt angewiesen wird, nach § 53 einen Widerspruch einzutragen oder eine Löschung vorzunehmen.

§ 72

Über die Beschwerde entscheidet das Oberlandesgericht, in dessen Bezirk das Grundbuchamt seinen Sitz hat.

§ 73

(1) Die Beschwerde kann bei dem Grundbuchamt oder bei dem Beschwerdegericht eingelegt werden.

(2) Die Beschwerde ist durch Einreichung einer Beschwerdeschrift oder durch Erklärung zur Niederschrift des Grundbuchamts oder der Geschäftsstelle des Beschwerdegerichts einzulegen. Für die Einlegung der Beschwerde durch die Übermittlung eines elektronischen Dokuments, die elektronische Gerichtsakte sowie das gerichtliche elektronische Dokument gilt § 14 Absatz 1 bis 3

und 5 des Gesetzes über das Verfahren in Familiensachen und in den Angelegenheiten der freiwilligen Gerichtsbarkeit.

§ 74

Die Beschwerde kann auf neue Tatsachen und Beweise gestützt werden.

§ 75

Erachtet das Grundbuchamt die Beschwerde für begründet, so hat es ihr abzuhelfen.

§ 76

(1) Das Beschwerdegericht kann vor der Entscheidung eine einstweilige Anordnung erlassen, insbesondere dem Grundbuchamt aufgeben, eine Vormerkung oder einen Widerspruch einzutragen, oder anordnen, daß die Vollziehung der angefochtenen Entscheidung auszusetzen ist.

(2) Die Vormerkung oder der Widerspruch (Absatz 1) wird von Amts wegen gelöscht, wenn die Beschwerde zurückgenommen oder zurückgewiesen ist.

(3) Die Beschwerde hat nur dann aufschiebende Wirkung, wenn sie gegen eine Verfügung gerichtet ist, durch die ein Zwangsgeld festgesetzt wird.

§ 77

Die Entscheidung des Beschwerdegerichts ist mit Gründen zu versehen und dem Beschwerdeführer mitzuteilen.

§ 78

(1) Gegen einen Beschluss des Beschwerdegerichts ist die Rechtsbeschwerde statthaft, wenn sie das Beschwerdegericht in dem Beschluss zugelassen hat.

(2) Die Rechtsbeschwerde ist zuzulassen, wenn

1. die Rechtssache grundsätzliche Bedeutung hat oder

2. die Fortbildung des Rechts oder die Sicherung einer einheitlichen Rechtsprechung eine Entscheidung des Rechtsbeschwerdegerichts erfordert.

Das Rechtsbeschwerdegericht ist an die Zulassung gebunden.

(3) Auf das weitere Verfahren finden § 73 Absatz 2 Satz 2 dieses Gesetzes sowie die §§ 71 bis 74a des Gesetzes über das Verfahren in Familiensachen und in den Angelegenheiten der freiwilligen Gerichtsbarkeit entsprechende Anwendung.

§ 79

(weggefallen)

§ 80

(weggefallen)

§ 81

(1) Über Beschwerden entscheidet bei den Oberlandesgerichten und dem Bundesgerichtshof ein Zivilsenat.

(2) Die Vorschriften der Zivilprozeßordnung über die Ausschließung und Ablehnung der Gerichtspersonen sind entsprechend anzuwenden.

(3) Die Vorschrift des § 44 des Gesetzes über das Verfahren in Familiensachen und in den Angelegenheiten der freiwilligen Gerichtsbarkeit über die Fortführung des Verfahrens bei Verletzung des Anspruchs auf rechtliches Gehör ist entsprechend anzuwenden.

(4) Die Bundesregierung und die Landesregierungen bestimmen für ihren Bereich durch Rechtsverordnung den Zeitpunkt, von dem an elektronische Akten geführt werden können. Die Bundesregierung und die Landesregierungen bestimmen für ihren Bereich durch Rechtsverordnung die organisatorisch-technischen Rahmenbedingungen für die Bildung, Führung und Aufbewahrung der elektronischen Akten. Die Rechtsverordnungen der Bundesregierung bedürfen nicht der Zustimmung des Bundesrates. Die Landesregierungen können die Ermächtigungen durch Rechtsverordnung auf die Landesjustizverwaltungen übertragen. Die Zulassung der elektronischen Akte kann auf einzelne Gerichte oder Verfahren beschränkt werden.

Fünfter Abschnitt

Verfahren des Grundbuchamts in besonderen Fällen

I. Grundbuchberichtigungszwang

§ 82

Ist das Grundbuch hinsichtlich der Eintragung des Eigentümers durch Rechtsübergang außerhalb des Grundbuchs unrichtig geworden, so soll das Grundbuchamt dem Eigentümer oder dem Testamentsvollstrecker, dem die Verwaltung des Grundstücks zusteht, die Verpflichtung auferlegen, den Antrag auf Berichtigung des Grundbuchs zu stellen und die zur Berichtigung des Grundbuchs notwendigen Unterlagen zu beschaffen. Das Grundbuchamt soll diese Maßnahme zurückstellen, solange berechtigte Gründe vorliegen. Ist eine Gesellschaft bürgerlichen Rechts als Eigentümerin eingetragen, gelten die Sätze 1 und 2 entsprechend, wenn die Eintragung eines Gesellschafters gemäß § 47 Absatz 2 unrichtig geworden ist.

§ 82a

Liegen die Voraussetzungen des § 82 vor, ist jedoch das Berichtigungszwangsverfahren nicht durchführbar oder bietet es keine Aussicht auf Erfolg, so kann das Grundbuchamt das Grundbuch von Amts wegen berichtigen. Das Grundbuchamt kann in diesem Fall das Nachlaßgericht um Ermittlung des Erben des Eigentümers ersuchen.

§ 83

Das Nachlaßgericht, das einen Erbschein oder ein Europäisches Nachlasszeugnis erteilt oder sonst die Erben ermittelt hat, soll, wenn ihm bekannt ist, daß zu dem Nachlaß ein Grundstück gehört, dem zuständigen Grundbuchamt von dem Erbfall und den Erben Mitteilung machen. Wird ein Testament oder ein Erbvertrag eröffnet, so soll das Gericht, wenn ihm bekannt ist, daß zu dem

Nachlaß ein Grundstück gehört, dem zuständigen Grundbuchamt von dem Erbfall Mitteilung machen und die als Erben eingesetzten Personen, soweit ihm ihr Aufenthalt bekannt ist, darauf hinweisen, daß durch den Erbfall das Grundbuch unrichtig geworden ist und welche gebührenrechtlichen Vergünstigungen für eine Grundbuchberichtigung bestehen.

II. Löschung gegenstandsloser Eintragungen

§ 84

(1) Das Grundbuchamt kann eine Eintragung über ein Recht nach Maßgabe der folgenden Vorschriften von Amts wegen als gegenstandslos löschen. Für die auf der Grundlage des Gesetzes vom 1. Juni 1933 zur Regelung der landwirtschaftlichen Schuldverhältnisse eingetragenen Entschuldungsvermerke gilt Satz 1 entsprechend.

(2) Eine Eintragung ist gegenstandslos:

a) soweit das Recht, auf das sie sich bezieht, nicht besteht und seine Entstehung ausgeschlossen ist;

b) soweit das Recht, auf das sie sich bezieht, aus tatsächlichen Gründen dauernd nicht ausgeübt werden kann.

(3) Zu den Rechten im Sinne der Absätze 1 und 2 gehören auch Vormerkungen, Widersprüche, Verfügungsbeschränkungen, Enteignungsvermerke und ähnliches.

§ 85

(1) Das Grundbuchamt soll das Verfahren zur Löschung gegenstandsloser Eintragungen grundsätzlich nur einleiten, wenn besondere äußere Umstände (z.B. Umschreibung des Grundbuchblatts wegen Unübersichtlichkeit, Teilveräußerung oder Neubelastung des Grundstücks, Anregung seitens eines Beteiligten) hinreichenden Anlaß dazu geben und Grund zu der Annahme besteht, daß die Eintragung gegenstandslos ist.

(2) Das Grundbuchamt entscheidet nach freiem Ermessen, ob das Löschungsverfahren einzuleiten und durchzuführen ist; diese Entscheidung ist unanfechtbar.

§ 86

Hat ein Beteiligter die Einleitung des Löschungsverfahrens angeregt, so soll das Grundbuchamt die Entscheidung, durch die es die Einleitung des Verfahrens ablehnt oder das eingeleitete Verfahren einstellt, mit Gründen versehen.

§ 87

Die Eintragung ist zu löschen:

a) wenn sich aus Tatsachen oder Rechtsverhältnissen, die in einer den Anforderungen dieses Gesetzes entsprechenden Weise festgestellt sind, ergibt, daß die Eintragung gegenstandslos ist;

b) wenn dem Betroffenen eine Löschungsankündigung zugestellt ist und er nicht binnen einer vom Grundbuchamt zugleich zu bestimmenden Frist Widerspruch erhoben hat;

c) wenn durch einen mit Gründen zu versehenden Beschluß rechtskräftig festgestellt ist, daß die Eintragung gegenstandslos ist.

§ 88

(1) Das Grundbuchamt kann den Besitzer von Hypotheken-, Grundschuld- oder Rentenschuldbriefen sowie von Urkunden der in den §§ 1154, 1155 des Bürgerlichen Gesetzbuchs bezeichneten Art zur Vorlegung dieser Urkunden anhalten.

(2) § 40 Abs. 1 und § 41 Abs. 1 und 2 des Gesetzes über das Verfahren in Familiensachen und in den Angelegenheiten der freiwilligen Gerichtsbarkeit ist auf die Löschungsankündigung (§ 87 Buchstabe b) und den Feststellungsbeschluß (§ 87 Buchstabe c) mit folgenden Maßgaben anzuwenden:

a) § 184 der Zivilprozeßordnung ist nicht anzuwenden;

b) die Löschungsankündigung (§ 87 Buchstabe b) kann nicht öffentlich zugestellt werden;

c) der Feststellungsbeschluß (§ 87 Buchstabe c) kann auch dann, wenn die Person des Beteiligten, dem zugestellt werden soll, unbekannt ist, öffentlich zugestellt werden.

§ 89

(1) Die Beschwerde (§ 71) gegen den Feststellungsbeschluß ist binnen einer Frist von zwei Wochen seit Zustellung des angefochtenen Beschlusses an den Beschwerdeführer einzulegen. Das Grundbuchamt und das Beschwerdegericht können in besonderen Fällen in ihrer Entscheidung eine längere Frist bestimmen.

(2) Auf den zur Zustellung bestimmten Ausfertigungen der Beschlüsse soll vermerkt werden, ob gegen die Entscheidung ein Rechtsmittel zulässig und bei welcher Behörde, in welcher Form und binnen welcher Frist es einzulegen ist.

III. Klarstellung der Rangverhältnisse

§ 90

Das Grundbuchamt kann aus besonderem Anlaß, insbesondere bei Umschreibung unübersichtlicher Grundbücher, Unklarheiten und Unübersichtlichkeiten in den Rangverhältnissen von Amts wegen oder auf Antrag eines Beteiligten beseitigen.

§ 91

(1) Vor der Umschreibung eines unübersichtlichen Grundbuchblatts hat das Grundbuchamt zu prüfen, ob die Rangverhältnisse unklar oder unübersichtlich sind und ihre Klarstellung nach den Umständen angezeigt erscheint. Das Grundbuchamt entscheidet hierüber nach freiem Ermessen. Die Entscheidung ist unanfechtbar.

(2) Der Beschluß, durch den das Verfahren eingeleitet wird, ist allen Beteiligten zuzustellen.

(3) Die Einleitung des Verfahrens ist im Grundbuch zu vermerken.

(4) Der Beschluß, durch den ein Antrag auf Einleitung des Verfahrens abgelehnt wird, ist nur dem Antragsteller bekanntzumachen.

§ 92

(1) In dem Verfahren gelten als Beteiligte:

a) der zur Zeit der Eintragung des Vermerks (§ 91 Abs. 3) im Grundbuch eingetragene Eigentümer und, wenn das Grundstück mit einer Gesamthypothek, (-grundschuld, -rentenschuld) belastet ist, die im Grundbuch eingetragenen Eigentümer der anderen mit diesem Recht belasteten Grundstücke;

b) Personen, für die in dem unter Buchstabe a bestimmten Zeitpunkt ein Recht am Grundstück oder ein Recht an einem das Grundstück belastenden Recht im Grundbuch eingetragen oder durch Eintragung gesichert ist;

c) Personen, die ein Recht am Grundstück oder an einem das Grundstück belastenden Recht im Verfahren anmelden und auf Verlangen des Grundbuchamts oder eines Beteiligten glaubhaft machen.

(2) Beteiligter ist nicht, wessen Recht von der Rangbereinigung nicht berührt wird.

§ 93

Ist der im Grundbuch als Eigentümer oder Berechtigter Eingetragene nicht der Berechtigte, so hat er dies unverzüglich nach Zustellung des Einleitungsbeschlusses dem Grundbuchamt anzuzeigen und anzugeben, was ihm über die Person des Berechtigten bekannt ist. Ein schriftlicher Hinweis auf diese Pflicht ist ihm zugleich mit dem Einleitungsbeschluß zuzustellen.

§ 94

(1) Das Grundbuchamt kann von Amts wegen Ermittlungen darüber anstellen, ob das Eigentum oder ein eingetragenes Recht dem als Berechtigten Eingetragenen oder einem anderen zusteht, und die hierzu geeigneten Beweise erheben. Inwieweit § 35 anzuwenden ist, entscheidet das Grundbuchamt nach freiem Ermessen.

(2) Der ermittelte Berechtigte gilt vom Zeitpunkt seiner Feststellung an auch als Beteiligter.

(3) Bestehen Zweifel darüber, wer von mehreren Personen der Berechtigte ist, so gelten sämtliche Personen als Berechtigte.

§ 95

(1) Wechselt im Laufe des Verfahrens die Person eines Berechtigten, so gilt der neue Berechtigte von dem Zeitpunkt ab, zu dem seine Person dem Grundbuchamt bekannt wird, als Beteiligter.

(2) Das gleiche gilt, wenn im Laufe des Verfahrens ein neues Recht am Grundstück oder an einem das Grundstück belastenden Recht begründet wird, das von dem Verfahren berührt wird.

§ 96

Ist die Person oder der Aufenthalt eines Beteiligten oder seines Vertreters unbekannt, so kann das Grundbuchamt dem Beteiligten für das Rangbereinigungsverfahren einen Pfleger bestellen. Für die Pflegschaft tritt an die Stelle des Betreuungsgerichts das Grundbuchamt.

§ 97

(1) Wohnt ein Beteiligter nicht im Inland und hat er einen hier wohnenden Bevollmächtigten nicht bestellt, so kann das Grundbuchamt anordnen, daß er einen im Inland wohnenden Bevollmächtigten zum Empfang der für ihn bestimmten Sendungen oder für das Verfahren bestellt.

(2) Hat das Grundbuchamt dies angeordnet, so können, solange der Beteiligte den Bevollmächtigten nicht bestellt hat, nach der Ladung zum ersten Verhandlungstermin alle weiteren Zustellungen in der Art bewirkt werden, daß das zuzustellende Schriftstück unter der Anschrift des Beteiligten nach seinem Wohnort zur Post gegeben wird; die Postsendungen sind mit der Bezeichnung "Einschreiben" zu versehen. Die Zustellung gilt mit der Aufgabe zur Post als bewirkt, selbst wenn die Sendung als unbestellbar zurückkommt.

§ 98

Die öffentliche Zustellung ist unzulässig.

§ 99

Das Grundbuchamt kann den Besitzer von Hypotheken-, Grundschuld- oder Rentenschuldbriefen sowie von Urkunden der in den §§ 1154, 1155 des Bürgerlichen Gesetzbuchs bezeichneten Art zur Vorlegung dieser Urkunden anhalten.

§ 100

Das Grundbuchamt hat die Beteiligten zu einem Verhandlungstermin über die Klarstellung der Rangverhältnisse zu laden. Die Ladung soll den Hinweis enthalten, daß ungeachtet des Ausbleibens eines Beteiligten über die Klarstellung der Rangverhältnisse verhandelt werden würde.

§ 101

(1) Die Frist zwischen der Ladung und dem Termin soll mindestens zwei Wochen betragen.

(2) Diese Vorschrift ist auf eine Vertagung sowie auf einen Termin zur Fortsetzung der Verhandlung nicht anzuwenden. Die zu dem früheren Termin Geladenen brauchen zu dem neuen Termin nicht nochmals geladen zu werden, wenn dieser verkündet ist.

§ 102

(1) In dem Termin hat das Grundbuchamt zu versuchen, eine Einigung der Beteiligten auf eine klare Rangordnung herbeizuführen. Einigen sich die erschienenen Beteiligten, so hat das Grundbuchamt die Vereinbarung zu beurkunden. Ein nicht erschienener Beteiligter kann seine Zustimmung zu der Vereinbarung in einer öffentlichen oder öffentlich beglaubigten Urkunde erteilen.

(2) Einigen sich die Beteiligten, so ist das Grundbuch der Vereinbarung gemäß umzuschreiben.

§ 103

Einigen sich die Beteiligten nicht, so macht das Grundbuchamt ihnen einen Vorschlag für eine neue Rangordnung. Es kann hierbei eine Änderung der bestehenden Rangverhältnisse, soweit sie zur Herbeiführung einer klaren Rangordnung erforderlich ist, vorschlagen.

§ 104

(1) Der Vorschlag ist den Beteiligten mit dem Hinweis zuzustellen, daß sie gegen ihn binnen einer Frist von einem Monat von der Zustellung ab bei dem Grundbuchamt Widerspruch erheben können. In besonderen Fällen kann eine längere Frist bestimmt werden.

(2) Der Widerspruch ist schriftlich oder durch Erklärung zur Niederschrift des Urkundsbeamten der Geschäftsstelle eines Amtsgerichts einzulegen; in letzterem Fall ist die Widerspruchsfrist gewahrt, wenn die Erklärung innerhalb der Frist abgegeben ist.

§ 105

(1) Einem Beteiligten, der ohne sein Verschulden verhindert war, die Frist (§ 104) einzuhalten, hat das Grundbuchamt auf seinen Antrag Wiedereinsetzung in den vorigen Stand zu gewähren, wenn er binnen zwei Wochen nach der Beseitigung des Hindernisses den Widerspruch einlegt und die Tatsachen, die die Wiedereinsetzung begründen, glaubhaft macht.

(2) Die Entscheidung, durch die Wiedereinsetzung erteilt wird, ist unanfechtbar; gegen die Entscheidung, durch die der Antrag auf Wiedereinsetzung als unzulässig verworfen oder zurückgewiesen wird, ist die Beschwerde nach den Vorschriften des Gesetzes über das Verfahren in Familiensachen und in den Angelegenheiten der freiwilligen Gerichtsbarkeit zulässig.

(3) Die Wiedereinsetzung kann nicht mehr beantragt werden, nachdem die neue Rangordnung eingetragen oder wenn seit dem Ende der versäumten Frist ein Jahr verstrichen ist.

§ 106

(1) Ist ein Rechtsstreit anhängig, der die Rangverhältnisse des Grundstücks zum Gegenstand hat, so ist das Verfahren auf Antrag eines Beteiligten bis zur Erledigung des Rechtsstreits auszusetzen.

(2) Das Grundbuchamt kann auch von Amts wegen das Verfahren aussetzen und den Beteiligten oder einzelnen von ihnen unter Bestimmung einer Frist aufgeben, die Entscheidung des Prozeßgerichts herbeizuführen, wenn die Aufstellung einer neuen klaren Rangordnung von der Entscheidung eines Streites über die bestehenden Rangverhältnisse abhängt.

§ 107

Ist der Rechtsstreit erledigt, so setzt das Grundbuchamt das Verfahren insoweit fort, als es noch erforderlich ist, um eine klare Rangordnung herbeizuführen.

§ 108

(1) Nach dem Ablauf der Widerspruchsfrist stellt das Grundbuchamt durch Beschluß die neue Rangordnung fest, sofern nicht Anlaß besteht, einen neuen Vorschlag zu machen. Es entscheidet hierbei zugleich über die nicht erledigten Widersprüche; insoweit ist die Entscheidung mit Gründen zu versehen.

(2) Ist über einen Widerspruch entschieden, so ist der Beschluß allen Beteiligten zuzustellen.

§ 109

Das Grundbuchamt kann jederzeit das Verfahren einstellen, wenn es sich von seiner Fortsetzung keinen Erfolg verspricht. Der Einstellungsbeschluß ist unanfechtbar.

§ 110

(1) Hat das Grundbuchamt in dem Beschluß, durch den die neue Rangordnung festgestellt wird, über einen Widerspruch entschieden, so ist gegen den Beschluß die Beschwerde nach den Vorschriften des Gesetzes über das Verfahren in Familiensachen und in den Angelegenheiten der freiwilligen Gerichtsbarkeit zulässig.

(2) Die Rechtsbeschwerde ist unzulässig.

§ 111

Ist die neue Rangordnung rechtskräftig festgestellt, so hat das Grundbuchamt das Grundbuch nach Maßgabe dieser Rangordnung umzuschreiben.

§ 112

Ist die neue Rangordnung (§ 102 Abs. 2, § 111) eingetragen, so tritt sie an die Stelle der bisherigen Rangordnung.

§ 113

Wird die neue Rangordnung eingetragen (§ 102 Abs. 2, § 111) oder wird das Verfahren eingestellt (§ 109), so ist der Einleitungsvermerk zu löschen.

§ 114

Die Kosten des Verfahrens erster Instanz verteilt das Grundbuchamt auf die Beteiligten nach billigem Ermessen.

§ 115

Wird durch das Verfahren ein anhängiger Rechtsstreit erledigt, so trägt jede Partei die ihr entstandenen außergerichtlichen Kosten. Die Gerichtskosten werden niedergeschlagen.

Sechster Abschnitt

Anlegung von Grundbuchblättern

§ 116

(1) Für ein Grundstück, das ein Grundbuchblatt bei der Anlegung des Grundbuchs nicht erhalten hat, wird das Blatt unbeschadet des § 3 Abs. 2 bis 9 von Amts wegen angelegt.

(2) Das Verfahren bei der Anlegung des Grundbuchblatts richtet sich nach den Vorschriften der §§ 118 bis 125.

§ 117 (weggefallen)

§ 118

Zur Feststellung des Eigentums an dem Grundstück hat das Grundbuchamt von Amts wegen die erforderlichen Ermittlungen anzustellen und die geeigneten Beweise zu erheben.

§ 119

Das Grundbuchamt kann zur Ermittlung des Berechtigten ein Aufgebot nach Maßgabe der §§ 120 und 121 erlassen.

§ 120

In das Aufgebot sind aufzunehmen:

1. die Ankündigung der bevorstehenden Anlegung des Grundbuchblatts;

2. die Bezeichnung des Grundstücks, seine Lage, Beschaffenheit und Größe nach dem für die Bezeichnung der Grundstücke im Grundbuch maßgebenden amtlichen Verzeichnis;

3. die Bezeichnung des Eigenbesitzers, sofern sie dem Grundbuchamt bekannt oder zu ermitteln ist;

4. die Aufforderung an die Personen, welche das Eigentum in Anspruch nehmen, ihr Recht binnen einer vom Grundbuchamt zu bestimmenden Frist von mindestens sechs Wochen anzumelden und glaubhaft zu machen, widrigenfalls ihr Recht bei der Anlegung des Grundbuchs nicht berücksichtigt wird.

§ 121

(1) Das Aufgebot ist an die für den Aushang von Bekanntmachungen des Grundbuchamts bestimmte Stelle anzuheften und einmal in dem für die amtlichen Bekanntmachungen des Grundbuchamts bestimmten Blatte zu veröffentlichen. Das Grundbuchamt kann anordnen, daß die Veröffentlichung mehrere Male und noch in anderen Blättern zu erfolgen habe oder, falls das Grundstück einen Wert von weniger als 3.000 Euro hat, daß sie ganz unterbleibe.

(2) Das Aufgebot ist in der Gemeinde, in deren Bezirk das Grundstück liegt, an der für amtliche Bekanntmachungen bestimmten Stelle anzuheften oder in sonstiger ortsüblicher Weise bekanntzumachen. Dies gilt nicht, wenn in der Gemeinde eine Anheftung von amtlichen Bekanntmachungen nicht vorgesehen ist und eine sonstige ortsübliche Bekanntmachung lediglich zu einer zusätzlichen Veröffentlichung in einem der in Absatz 1 bezeichneten Blätter führen würde.

(3) Das Aufgebot soll den Personen, die das Eigentum in Anspruch nehmen und dem Grundbuchamt bekannt sind, von Amts wegen zugestellt werden.

§ 122

Das Grundbuchblatt darf, wenn ein Aufgebotsverfahren (§§ 120, 121) nicht stattgefunden hat, erst angelegt werden, nachdem in der Gemeinde, in deren Bezirk das Grundstück liegt, das Bevorstehen der Anlegung und der Name des als Eigentümer Einzutragenden öffentlich bekanntgemacht und seit der Bekanntmachung ein Monat verstrichen ist; die Art der Bekanntmachung bestimmt das Grundbuchamt.

§ 123

Als Eigentümer ist in das Grundbuch einzutragen:

1. der ermittelte Eigentümer;

2. sonst der Eigenbesitzer, dessen Eigentum dem Grundbuchamt glaubhaft gemacht ist;

3. sonst derjenige, dessen Eigentum nach Lage der Sache dem Grundbuchamt am wahrscheinlichsten erscheint.

§ 124

(1) Beschränkte dingliche Rechte am Grundstück oder sonstige Eigentumsbeschränkungen werden bei der Anlegung des Grundbuchblatts nur eingetragen, wenn sie bei dem Grundbuchamt angemeldet und entweder durch öffentliche oder öffentlich beglaubigte Urkunden, deren erklärter Inhalt vom Eigentümer stammt, nachgewiesen oder von dem Eigentümer anerkannt sind.

(2) Der Eigentümer ist über die Anerkennung anzuhören. Bestreitet er das angemeldete Recht, so wird es, falls es glaubhaft gemacht ist, durch Eintragung eines Widerspruchs gesichert.

(3) Der Rang der Rechte ist gemäß den für sie zur Zeit ihrer Entstehung maßgebenden Gesetzen und, wenn er hiernach nicht bestimmt werden kann, nach der Reihenfolge ihrer Anmeldung einzutragen.

§ 125

Die Beschwerde gegen die Anlegung des Grundbuchblatts ist unzulässig. Im Wege der Beschwerde kann jedoch verlangt werden, daß das Grundbuchamt angewiesen wird, nach § 53 einen Widerspruch einzutragen oder eine Löschung vorzunehmen.

Siebenter Abschnitt

Das maschinell geführte Grundbuch

§ 126

(1) Die Landesregierungen können durch Rechtsverordnung bestimmen, daß und in welchem Umfang das Grundbuch in maschineller Form als automatisierte Datei geführt wird; sie können dabei auch bestimmen, dass das Grundbuch in strukturierter Form mit logischer Verknüpfung der Inhalte (Datenbankgrundbuch) geführt wird. Hierbei muß gewährleistet sein, daß

1. die Grundsätze einer ordnungsgemäßen Datenverarbeitung eingehalten, insbesondere Vorkehrungen gegen einen Datenverlust getroffen sowie die erforderlichen Kopien der Datenbestände mindestens tagesaktuell gehalten und die originären Datenbestände sowie deren Kopien sicher aufbewahrt werden;

2. die vorzunehmenden Eintragungen alsbald in einen Datenspeicher aufgenommen und auf Dauer inhaltlich unverändert in lesbarer Form wiedergegeben werden können;

3. die nach der Anlage zu diesem Gesetz erforderlichen Maßnahmen getroffen werden.

Die Landesregierungen können durch Rechtsverordnung die Ermächtigung nach Satz 1 auf die Landesjustizverwaltungen übertragen.

(2) Die Führung des Grundbuchs in maschineller Form umfaßt auch die Einrichtung und Führung eines Verzeichnisses der Eigentümer und der Grundstücke sowie weitere, für die Führung des Grundbuchs in maschineller Form erforderliche Verzeichnisse. Das Grundbuchamt kann für die Führung des Grundbuchs auch Verzeichnisse der in Satz 1 bezeichneten Art nutzen, die bei den

für die Führung des Liegenschaftskatasters zuständigen Stellen eingerichtet sind; diese dürfen die in Satz 1 bezeichneten Verzeichnisse insoweit nutzen, als dies für die Führung des Liegenschaftskatasters erforderlich ist.

(3) Die Datenverarbeitung kann im Auftrag des nach § 1 zuständigen Grundbuchamts auf den Anlagen einer anderen staatlichen Stelle oder auf den Anlagen einer juristischen Person des öffentlichen Rechts vorgenommen werden, wenn die ordnungsgemäße Erledigung der Grundbuchsachen sichergestellt ist.

§ 127

(1) Die Landesregierungen werden ermächtigt, durch Rechtsverordnung zu bestimmen, dass

1. Grundbuchämter Änderungen der Nummer, unter der ein Grundstück im Liegenschaftskataster geführt wird, die nicht auf einer Änderung der Umfangsgrenzen des Grundstücks beruhen, sowie im Liegenschaftskataster enthaltene Angaben über die tatsächliche Beschreibung des Grundstücks aus dem Liegenschaftskataster automatisiert in das Grundbuch und in Verzeichnisse nach § 126 Absatz 2 einspeichern sollen;

2. Grundbuchämter den für die Führung des Liegenschaftskatasters zuständigen Stellen die Grundbuchstellen sowie Daten des Bestandsverzeichnisses und der ersten Abteilung automatisiert in elektronischer Form übermitteln;

3. Grundbuchämter, die die Richtigstellung der Bezeichnung eines Berechtigten in von ihnen geführten Grundbüchern vollziehen, diese Richtigstellung auch in Grundbüchern vollziehen dürfen, die von anderen Grundbuchämtern des jeweiligen Landes geführt werden;

4. in Bezug auf Gesamtrechte ein nach den allgemeinen Vorschriften zuständiges Grundbuchamt auch zuständig ist, soweit Grundbücher betroffen sind, die von anderen Grundbuchämtern des jeweiligen Landes geführt werden.

Die Anordnungen können auf einzelne Grundbuchämter beschränkt werden. In den Fällen des Satzes 1 Nummer 3 und 4 können auch Regelungen zur Bestimmung des zuständigen Grundbuchamts getroffen und die Einzelheiten des jeweiligen Verfahrens geregelt werden. Die Landesregierungen können die Ermächtigungen durch Rechtsverordnung auf die Landesjustizverwaltungen übertragen.

(2) Soweit das Grundbuchamt nach bundesrechtlicher Vorschrift verpflichtet ist, einem Gericht oder einer Behörde über eine Eintragung Mitteilung zu machen, besteht diese Verpflichtung nicht bezüglich der Angaben, die nach Maßgabe des Absatzes 1 Satz 1 Nummer 1 aus dem Liegenschaftskataster in das Grundbuch übernommen wurden.

(3) Ein nach Absatz 1 Satz 1 Nummer 4 zuständiges Grundbuchamt gilt in Bezug auf die Angelegenheit als für die Führung der betroffenen Grundbuchblätter zuständig. Die Bekanntgabe der Eintragung nach § 55a Absatz 2 ist nicht erforderlich. Werden die Grundakten nicht elektronisch geführt, sind in den Fällen des Absatzes 1 Satz 1 Nummer 3 und 4 den anderen beteiligten Grundbuchämtern beglaubigte Kopien der Urkunden zu übermitteln, auf die sich die Eintragung gründet oder auf die sie Bezug nimmt.

§ 128

(1) Das maschinell geführte Grundbuch tritt für ein Grundbuchblatt an die Stelle des bisherigen Grundbuchs, sobald es freigegeben worden ist. Die Freigabe soll erfolgen, sobald die Eintragungen dieses Grundbuchblattes in den für die Grundbucheintragungen bestimmten Datenspeicher aufgenommen worden sind.

(2) Der Schließungsvermerk im bisherigen Grundbuch ist lediglich von einer der nach § 44 Abs. 1 Satz 2 zur Unterschrift zuständigen Personen zu unterschreiben.

(3) Die bisherigen Grundbücher können ausgesondert werden, soweit die Anlegung des maschinell geführten Grundbuchs in der Weise erfolgt ist, dass der gesamte Inhalt der bisherigen Grundbuchblätter in den für das maschinell geführte Grundbuch bestimmten Datenspeicher aufgenommen wurde und die Wiedergabe auf dem Bildschirm bildlich mit den bisherigen Grundbuchblättern übereinstimmt.

§ 129

(1) Eine Eintragung wird wirksam, sobald sie in den für die Grundbucheintragungen bestimmten Datenspeicher aufgenommen ist und auf Dauer inhaltlich unverändert in lesbarer Form wiedergegeben werden kann. Durch eine Bestätigungsanzeige oder in anderer geeigneter Weise ist zu überprüfen, ob diese Voraussetzungen eingetreten sind.

(2) Jede Eintragung soll den Tag angeben, an dem sie wirksam geworden ist. Bei Eintragungen, die gemäß § 127 Absatz 1 Satz 1 Nummer 1 Inhalt des Grundbuchs werden, bedarf es abweichend von Satz 1 der Angabe des Tages der Eintragung im Grundbuch nicht.

§ 130

§ 44 Abs. 1 Satz 1, 2 Halbsatz 2 und Satz 3 ist für die maschinelle Grundbuchführung nicht anzuwenden; § 44 Abs. 1 Satz 2 erster Halbsatz gilt mit der Maßgabe, daß die für die Führung des Grundbuchs zuständige Person auch die Eintragung veranlassen kann. Wird die Eintragung nicht besonders verfügt, so ist in geeigneter Weise der Veranlasser der Speicherung aktenkundig oder sonst feststellbar zu machen.

§ 131

(1) Wird das Grundbuch in maschineller Form als automatisierte Datei geführt, so tritt an die Stelle der Abschrift der Ausdruck und an die Stelle der beglaubigten Abschrift der amtliche Ausdruck. Die Ausdrucke werden nicht unterschrieben. Der amtliche Ausdruck ist als solcher zu bezeichnen und mit einem Dienstsiegel oder -stempel zu versehen; er steht einer beglaubigten Abschrift gleich.

(2) Die Landesregierungen werden ermächtigt, durch Rechtsverordnung

1. zu bestimmen, dass Auskünfte über grundbuchblattübergreifende Auswertungen von Grundbuchinhalten verlangt werden können, soweit ein berechtigtes Interesse dargelegt ist, und

2. Einzelheiten des Verfahrens zur Auskunftserteilung zu regeln.

Sie können diese Ermächtigungen durch Rechtsverordnung auf die Landesjustizverwaltungen übertragen.

§ 132

Die Einsicht in das maschinell geführte Grundbuch kann auch bei einem anderen als dem Grundbuchamt gewährt werden, das dieses Grundbuch führt. Über die Gestattung der Einsicht entscheidet das Grundbuchamt, bei dem die Einsicht begehrt wird.

§ 133

(1) Die Einrichtung eines automatisierten Verfahrens, das die Übermittlung der Daten aus dem maschinell geführten Grundbuch durch Abruf ermöglicht, ist zulässig, sofern sichergestellt ist, daß

1. der Abruf von Daten die nach den oder auf Grund der §§ 12 und 12a zulässige Einsicht nicht überschreitet und

2. die Zulässigkeit der Abrufe auf der Grundlage einer Protokollierung kontrolliert werden kann.

(2) Die Einrichtung eines automatisierten Abrufverfahrens nach Absatz 1 bedarf der Genehmigung durch die Landesjustizverwaltung. Die Genehmigung darf nur Gerichten, Behörden, Notaren, öffentlich bestellten Vermessungsingenieuren, an dem Grundstück dinglich Berechtigten, einer von dinglich Berechtigten beauftragten Person oder Stelle, der Staatsbank Berlin sowie für Zwecke der maschinellen Bearbeitung von Auskunftsanträgen (Absatz 4), nicht jedoch anderen öffentlich-rechtlichen Kreditinstituten erteilt werden. Sie setzt voraus, daß

1. diese Form der Datenübermittlung unter Berücksichtigung der schutzwürdigen Interessen der betroffenen dinglich Berechtigten wegen der Vielzahl der Übermittlungen oder wegen ihrer besonderen Eilbedürftigkeit angemessen ist,

2. auf seiten des Empfängers die Grundsätze einer ordnungsgemäßen Datenverarbeitung eingehalten werden und

3. auf seiten der grundbuchführenden Stelle die technischen Möglichkeiten der Einrichtung und Abwicklung des Verfahrens gegeben sind und eine Störung des Geschäftsbetriebs des Grundbuchamts nicht zu erwarten ist.

(3) Die Genehmigung ist zu widerrufen, wenn eine der in Absatz 2 genannten Voraussetzungen weggefallen ist. Sie kann widerrufen werden, wenn die Anlage mißbräuchlich benutzt worden ist. Ein öffentlich-rechtlicher Vertrag oder eine Verwaltungsvereinbarung kann in den Fällen der Sätze 1 und 2 gekündigt werden. In den Fällen des Satzes 1 ist die Kündigung zu erklären.

(4) Im automatisierten Abrufverfahren nach Absatz 1 können auch Anträge auf Auskunft aus dem Grundbuch (Einsichtnahme und Erteilung von Abschriften) nach § 12 und den diese Vorschriften ausführenden Bestimmungen maschinell bearbeitet werden. Absatz 2 Satz 1 und 3 gilt entsprechend. Die maschinelle Bearbeitung ist nur zulässig, wenn der Eigentümer des Grundstücks, bei Erbbau- und Gebäudegrundbüchern der Inhaber des Erbbaurechts oder Gebäudeeigentums, zustimmt oder die Zwangsvollstreckung in das Grundstück, Erbbaurecht oder Gebäudeeigentum betrieben werden soll und die abrufende Person oder Stelle das Vorliegen dieser Umstände durch Verwendung entsprechender elektronischer Zeichen versichert.

(5) Ist der Empfänger eine nicht öffentliche Stelle, gilt § 38 des Bundesdatenschutzgesetzes mit der Maßgabe, daß die Aufsichtsbehörde die Ausführung der Vorschriften über den Datenschutz auch

dann überwacht, wenn keine hinreichenden Anhaltspunkte für eine Verletzung dieser Vorschriften vorliegen. Unabhängig hiervon ist dem Eigentümer des Grundstücks oder dem Inhaber eines grundstücksgleichen Rechts jederzeit Auskunft aus einem über die Abrufe zu führenden Protokoll zu geben, soweit nicht die Bekanntgabe den Erfolg strafrechtlicher Ermittlungen oder die Aufgabenwahrnehmung einer Verfassungsschutzbehörde, des Bundesnachrichtendienstes oder des Militärischen Abschirmdienstes gefährden würde; dieses Protokoll kann nach Ablauf von zwei Jahren vernichtet werden.

(6) Soweit in dem automatisierten Abrufverfahren personenbezogene Daten übermittelt werden, darf der Empfänger diese nur für den Zweck verwenden, zu dessen Erfüllung sie ihm übermittelt worden sind.

(7) Genehmigungen nach Absatz 2 gelten in Ansehung der Voraussetzungen nach den Absätzen 1 und 2 Satz 3 Nr. 1 und 2 im gesamten Land, dessen Behörden sie erteilt haben. Sobald die technischen Voraussetzungen dafür gegeben sind, gelten sie auch im übrigen Bundesgebiet. Das Bundesministerium der Justiz und für Verbraucherschutz stellt durch Rechtsverordnung mit Zustimmung des Bundesrates fest, wann und in welchen Teilen des Bundesgebiets diese Voraussetzungen gegeben sind. Anstelle der Genehmigungen können auch öffentlich-rechtliche Verträge oder Verwaltungsvereinbarungen geschlossen werden. Die Sätze 1 und 2 gelten entsprechend.

(8) (weggefallen)

§ 133a Erteilung von Grundbuchabdrucken durch Notare; Verordnungsermächtigung

(1) Notare dürfen demjenigen, der ihnen ein berechtigtes Interesse im Sinne des § 12 darlegt, den Inhalt des Grundbuchs mitteilen. Die Mitteilung kann auch durch die Erteilung eines Grundbuchabdrucks erfolgen.

(2) Die Mitteilung des Grundbuchinhalts im öffentlichen Interesse oder zu wissenschaftlichen und Forschungszwecken ist nicht zulässig.

(3) Über die Mitteilung des Grundbuchinhalts führt der Notar ein Protokoll. Dem Eigentümer des Grundstücks oder dem Inhaber eines grundstücksgleichen Rechts ist auf Verlangen Auskunft aus diesem Protokoll zu geben.

(4) Einer Protokollierung der Mitteilung bedarf es nicht, wenn

1. die Mitteilung der Vorbereitung oder Ausführung eines sonstigen Amtsgeschäfts nach § 20 oder § 24 Absatz 1 der Bundesnotarordnung dient oder

2. der Grundbuchinhalt dem Auskunftsberechtigten nach Absatz 3 Satz 2 mitgeteilt wird.

(5) Die Landesregierungen werden ermächtigt, durch Rechtsverordnung zu bestimmen, dass abweichend von Absatz 1 der Inhalt von Grundbuchblättern, die von Grundbuchämtern des jeweiligen Landes geführt werden, nicht mitgeteilt werden darf. Dies gilt nicht, wenn die Mitteilung der Vorbereitung oder Ausführung eines sonstigen Amtsgeschäfts nach § 20 oder § 24

Absatz 1 der Bundesnotarordnung dient. Die Landesregierungen können die Ermächtigung durch Rechtsverordnung auf die Landesjustizverwaltungen übertragen.

§ 134

Das Bundesministerium der Justiz und für Verbraucherschutz wird ermächtigt, durch Rechtsverordnung mit Zustimmung des Bundesrates nähere Vorschriften zu erlassen über

1. die Einzelheiten der Anforderungen an die Einrichtung und das Nähere zur Gestaltung des maschinell geführten Grundbuchs sowie die Abweichungen von den Vorschriften des Ersten bis Sechsten Abschnitts der Grundbuchordnung, die für die maschinelle Führung des Grundbuchs erforderlich sind;

2. die Einzelheiten der Gewährung von Einsicht in maschinell geführte Grundbücher;

3. die Einzelheiten der Einrichtung automatisierter Verfahren zur Übermittlung von Daten aus dem Grundbuch auch durch Abruf und der Genehmigung hierfür.

Das Bundesministerium der Justiz und für Verbraucherschutz kann im Rahmen seiner Ermächtigung nach Satz 1 die Regelung weiterer Einzelheiten durch Rechtsverordnung den Landesregierungen übertragen und hierbei auch vorsehen, daß diese ihre Ermächtigung durch Rechtsverordnung auf die Landesjustizverwaltungen übertragen können.

§ 134a Datenübermittlung bei der Entwicklung von Verfahren zur Anlegung des Datenbankgrundbuchs

(1) Die Landesjustizverwaltungen können dem Entwickler eines automatisierten optischen Zeichen- und Inhaltserkennungsverfahrens (Migrationsprogramm) nach Maßgabe der Absätze 2 bis 5 Grundbuchdaten zur Verfügung stellen; im Übrigen gelten das Bundesdatenschutzgesetz und die Datenschutzgesetze der Länder. Das Migrationsprogramm soll bei der Einführung eines Datenbankgrundbuchs die Umwandlung der Grundbuchdaten in voll strukturierte Eintragungen sowie deren Speicherung unterstützen.

(2) Der Entwickler des Migrationsprogramms darf die ihm übermittelten Grundbuchdaten ausschließlich für die Entwicklung und den Test des Migrationsprogramms verwenden. Die Übermittlung der Daten an den Entwickler erfolgt zentral über eine durch Verwaltungsabkommen der Länder bestimmte Landesjustizverwaltung. Die beteiligten Stellen haben dem jeweiligen Stand der Technik entsprechende Maßnahmen zur Sicherstellung von Datenschutz und Datensicherheit zu treffen, insbesondere zur Wahrung der Vertraulichkeit der betroffenen Daten. Die nach Satz 2 bestimmte Landesjustizverwaltung ist für die Einhaltung der Vorschriften des Datenschutzes verantwortlich und vereinbart mit dem Entwickler die Einzelheiten der Datenverarbeitung.

(3) Die Auswahl der zu übermittelnden Grundbuchdaten erfolgt durch die Landesjustizverwaltungen. Ihr ist ein inhaltlich repräsentativer Querschnitt des Grundbuchdatenbestands zugrunde zu legen. Im Übrigen erfolgt die Auswahl nach formalen Kriterien. Dazu zählen insbesondere die für die Grundbucheintragungen verwendeten Schriftarten und Schriftbilder, die Gliederung der Grundbuchblätter, die Darstellungsqualität der durch Umstellung erzeugten Grundbuchinhalte sowie das Dateiformat der umzuwandelnden Daten. Es dürfen nur so viele Daten übermittelt werden, wie für die Entwicklung und den Test des

Migrationsprogramms notwendig sind, je Land höchstens 5 Prozent des jeweiligen Gesamtbestands an Grundbuchblättern.

(4) Der Entwickler des Migrationsprogramms kann die von ihm gespeicherten Grundbuchdaten sowie die daraus abgeleiteten Daten der nach Absatz 2 Satz 2 bestimmten Landesjustizverwaltung oder den jeweils betroffenen Landesjustizverwaltungen übermitteln. Dort dürfen die Daten nur für Funktionstests des Migrationsprogramms sowie für die Prüfung und Geltendmachung von Gewährleistungsansprüchen in Bezug auf das Migrationsprogramm verwendet werden; die Daten sind dort zu löschen, wenn sie dafür nicht mehr erforderlich sind.

(5) Der Entwickler des Migrationsprogramms hat die von ihm gespeicherten Grundbuchdaten sowie die daraus abgeleiteten Daten zu löschen, sobald ihre Kenntnis für die Erfüllung der in Absatz 2 Satz 1 genannten Zwecke nicht mehr erforderlich ist. An die Stelle einer Löschung tritt eine Sperrung, soweit und solange die Kenntnis der in Satz 1 bezeichneten Daten für die Abwehr von Gewährleistungsansprüchen der Landesjustizverwaltungen erforderlich ist. Ihm überlassene Datenträger hat der Entwickler der übermittelnden Stelle zurückzugeben.

(6) Für den im Rahmen der Konzeptionierung eines Datenbankgrundbuchs zu erstellenden Prototypen eines Migrationsprogramms mit eingeschränkter Funktionalität gelten die Absätze 1 bis 5 entsprechend.

Achter Abschnitt

Elektronischer Rechtsverkehr und elektronische Grundakte

§ 135 Elektronischer Rechtsverkehr und elektronische Grundakte; Verordnungsermächtigungen

(1) Anträge, sonstige Erklärungen sowie Nachweise über andere Eintragungsvoraussetzungen können dem Grundbuchamt nach Maßgabe der folgenden Bestimmungen als elektronische Dokumente übermittelt werden. Die Landesregierungen werden ermächtigt, durch Rechtsverordnung

1. den Zeitpunkt zu bestimmen, von dem an elektronische Dokumente übermittelt werden können; die Zulassung kann auf einzelne Grundbuchämter beschränkt werden;

2. Einzelheiten der Datenübermittlung und -speicherung zu regeln sowie Dateiformate für die zu übermittelnden elektronischen Dokumente festzulegen, um die Eignung für die Bearbeitung durch das Grundbuchamt sicherzustellen;

3. die ausschließlich für den Empfang von in elektronischer Form gestellten Eintragungsanträgen und sonstigen elektronischen Dokumenten in Grundbuchsachen vorgesehene direkt adressierbare Einrichtung des Grundbuchamts zu bestimmen;

4. zu bestimmen, dass Notare

a) Dokumente elektronisch zu übermitteln haben und

b) neben den elektronischen Dokumenten bestimmte darin enthaltene Angaben in strukturierter maschinenlesbarer Form zu übermitteln haben; die Verpflichtung kann auf die Einreichung bei einzelnen Grundbuchämtern, auf einzelne Arten von Eintragungsvorgängen oder auf Dokumente bestimmten Inhalts beschränkt werden;

5. Maßnahmen für den Fall des Auftretens technischer Störungen anzuordnen.

Ein Verstoß gegen eine nach Satz 2 Nummer 4 begründete Verpflichtung steht dem rechtswirksamen Eingang von Dokumenten beim Grundbuchamt nicht entgegen.

(2) Die Grundakten können elektronisch geführt werden. Die Landesregierungen werden ermächtigt, durch Rechtsverordnung den Zeitpunkt zu bestimmen, von dem an die Grundakten elektronisch geführt werden; die Anordnung kann auf einzelne Grundbuchämter oder auf Teile des bei einem Grundbuchamt geführten Grundaktenbestands beschränkt werden.

(3) Die Landesregierungen können die Ermächtigungen nach Absatz 1 Satz 2 und Absatz 2 Satz 2 durch Rechtsverordnung auf die Landesjustizverwaltungen übertragen.

(4) Für den elektronischen Rechtsverkehr und die elektronischen Grundakten gilt § 126 Absatz 1 Satz 2 und Absatz 3 entsprechend. Die Vorschriften des Vierten Abschnitts über den elektronischen Rechtsverkehr und die elektronische Akte in Beschwerdeverfahren bleiben unberührt.

§ 136 Eingang elektronischer Dokumente beim Grundbuchamt

(1) Ein mittels Datenfernübertragung als elektronisches Dokument übermittelter Eintragungsantrag ist beim Grundbuchamt eingegangen, sobald ihn die für den Empfang bestimmte Einrichtung nach § 135 Absatz 1 Satz 2 Nummer 3 aufgezeichnet hat. Der genaue Zeitpunkt soll mittels eines elektronischen Zeitstempels bei dem Antrag vermerkt werden. § 13 Absatz 2 und 3 ist nicht anzuwenden. Die Übermittlung unmittelbar an die nach § 135 Absatz 1 Satz 2 Nummer 3 bestimmte Einrichtung ist dem Absender unter Angabe des Eingangszeitpunkts unverzüglich zu bestätigen. Die Bestätigung ist mit einer elektronischen Signatur zu versehen, die die Prüfung der Herkunft und der Unverfälschtheit der durch sie signierten Daten ermöglicht.

(2) Für den Eingang eines Eintragungsantrags, der als elektronisches Dokument auf einem Datenträger eingereicht wird, gilt § 13 Absatz 2 Satz 2 und Absatz 3. Der genaue Zeitpunkt des Antragseingangs soll bei dem Antrag vermerkt werden.

(3) Elektronische Dokumente können nur dann rechtswirksam beim Grundbuchamt eingehen, wenn sie für die Bearbeitung durch das Grundbuchamt geeignet sind. Ist ein Dokument für die Bearbeitung durch das Grundbuchamt nicht geeignet, ist dies dem Absender oder dem Einreicher eines Datenträgers nach Absatz 2 Satz 1 unter Hinweis auf die Unwirksamkeit des Eingangs und auf die geltenden technischen Rahmenbedingungen unverzüglich mitzuteilen.

§ 137 Form elektronischer Dokumente

(1) Ist eine zur Eintragung erforderliche Erklärung oder eine andere Voraussetzung der Eintragung durch eine öffentliche oder öffentlich beglaubigte Urkunde nachzuweisen, so kann diese als ein mit einem einfachen elektronischen Zeugnis nach § 39a des Beurkundungsgesetzes versehenes elektronisches Dokument übermittelt werden. Der Nachweis kann auch durch die Übermittlung eines öffentlichen elektronischen Dokuments (§ 371a Absatz 3 Satz 1 der Zivilprozessordnung) geführt werden, wenn

1. das Dokument mit einer qualifizierten elektronischen Signatur versehen ist und

2. das der Signatur zugrunde liegende qualifizierte Zertifikat oder ein zugehöriges qualifiziertes Attributzertifikat die Behörde oder die Eigenschaft als mit öffentlichem Glauben versehene Person erkennen lässt.

Ein etwaiges Erfordernis, dem Grundbuchamt den Besitz der Urschrift oder einer Ausfertigung einer Urkunde nachzuweisen, bleibt unberührt.

(2) Werden Erklärungen oder Ersuchen einer Behörde, auf Grund deren eine Eintragung vorgenommen werden soll, als elektronisches Dokument übermittelt, muss

1. das Dokument den Namen der ausstellenden Person enthalten und die Behörde erkennen lassen,

2. das Dokument von der ausstellenden Person mit einer qualifizierten elektronischen Signatur versehen sein und

3. das der Signatur zugrunde liegende qualifizierte Zertifikat oder ein zugehöriges qualifiziertes Attributzertifikat die Behörde erkennen lassen.

(3) Erklärungen, für die durch Rechtsvorschrift die Schriftform vorgeschrieben ist, können als elektronisches Dokument übermittelt werden, wenn dieses den Namen der ausstellenden Person enthält und mit einer qualifizierten elektronischen Signatur versehen ist.

(4) Eintragungsanträge sowie sonstige Erklärungen, die nicht den Formvorschriften der Absätze 1 bis 3 unterliegen, können als elektronisches Dokument übermittelt werden, wenn dieses den Namen der ausstellenden Person enthält. Die §§ 30 und 31 gelten mit der Maßgabe, dass die in der Form des § 29 nachzuweisenden Erklärungen als elektronische Dokumente gemäß den Absätzen 1 und 2 übermittelt werden können.

§ 138 Übertragung von Dokumenten

(1) In Papierform vorliegende Schriftstücke können in elektronische Dokumente übertragen und in dieser Form anstelle der Schriftstücke in die Grundakte übernommen werden. Die Schriftstücke können anschließend ausgesondert werden, die mit einem Eintragungsantrag eingereichten Urkunden jedoch nicht vor der Entscheidung über den Antrag.

(2) Der Inhalt der zur Grundakte genommenen elektronischen Dokumente ist in lesbarer Form zu erhalten. Die Dokumente können hierzu in ein anderes Dateiformat übertragen und in dieser Form anstelle der bisherigen Dateien in die Grundakte übernommen werden.

(3) Wird die Grundakte nicht elektronisch geführt, sind von den eingereichten elektronischen Dokumenten Ausdrucke für die Akte zu fertigen. Die elektronischen Dokumente können aufbewahrt und nach der Anlegung der elektronischen Grundakte in diese übernommen werden; nach der Übernahme können die Ausdrucke vernichtet werden.

§ 139 Aktenausdruck, Akteneinsicht und Datenabruf

(1) An die Stelle der Abschrift aus der Grundakte tritt der Ausdruck und an die Stelle der beglaubigten Abschrift der amtliche Ausdruck. Die Ausdrucke werden nicht unterschrieben. Der

amtliche Ausdruck ist als solcher zu bezeichnen und mit einem Dienstsiegel oder -stempel zu versehen; er steht einer beglaubigten Abschrift gleich.

(2) Die Einsicht in die elektronischen Grundakten kann auch bei einem anderen als dem Grundbuchamt gewährt werden, das diese Grundakten führt. Über die Gestattung der Einsicht entscheidet das Grundbuchamt, bei dem die Einsicht begehrt wird.

(3) Für den Abruf von Daten aus den elektronischen Grundakten kann ein automatisiertes Verfahren eingerichtet werden. § 133 gilt entsprechend mit der Maßgabe, dass das Verfahren nicht auf die in § 12 Absatz 1 Satz 2 genannten Urkunden beschränkt ist.

§ 140 Entscheidungen, Verfügungen und Mitteilungen

(1) Wird die Grundakte vollständig oder teilweise elektronisch geführt, können Entscheidungen und Verfügungen in elektronischer Form erlassen werden. Sie sind von der ausstellenden Person mit ihrem Namen zu versehen, Beschlüsse und Zwischenverfügungen zusätzlich mit einer qualifizierten elektronischen Signatur. Die Landesregierungen werden ermächtigt, durch Rechtsverordnung den Zeitpunkt zu bestimmen, von dem an Entscheidungen und Verfügungen in elektronischer Form zu erlassen sind; die Anordnung kann auf einzelne Grundbuchämter beschränkt werden. Die Landesregierungen können die Ermächtigung durch Rechtsverordnung auf die Landesjustizverwaltungen übertragen.

(2) Den in § 174 Absatz 1 der Zivilprozessordnung genannten Empfängern können Entscheidungen, Verfügungen und Mitteilungen durch die Übermittlung elektronischer Dokumente bekannt gegeben werden. Im Übrigen ist die Übermittlung elektronischer Dokumente zulässig, wenn der Empfänger dem ausdrücklich zugestimmt hat. Die Dokumente sind gegen unbefugte Kenntnisnahme zu schützen. Bei der Übermittlung von Beschlüssen und Zwischenverfügungen sind die Dokumente mit einer elektronischen Signatur zu versehen, die die Prüfung der Herkunft und der Unverfälschtheit der durch sie signierten Daten ermöglicht.

(3) Ausfertigungen und Abschriften von Entscheidungen und Verfügungen, die in elektronischer Form erlassen wurden, können von einem Ausdruck gefertigt werden. Ausfertigungen von Beschlüssen und Zwischenverfügungen sind von dem Urkundsbeamten der Geschäftsstelle zu unterschreiben und mit einem Dienstsiegel oder -stempel zu versehen.

(4) Die Vorschriften des Vierten Abschnitts über gerichtliche elektronische Dokumente in Beschwerdeverfahren bleiben unberührt. Absatz 1 gilt nicht für den Vollzug von Grundbucheintragungen.

§ 141 Ermächtigung des Bundesministeriums der Justiz und für Verbraucherschutz

Das Bundesministerium der Justiz und für Verbraucherschutz wird ermächtigt, durch Rechtsverordnung mit Zustimmung des Bundesrates nähere Vorschriften zu erlassen über

1. die Einzelheiten der technischen und organisatorischen Anforderungen an die Einrichtung des elektronischen Rechtsverkehrs und der elektronischen Grundakte, soweit diese nicht von § 135 Absatz 1 Satz 2 Nummer 2 erfasst sind,

2. die Einzelheiten der Anlegung und Gestaltung der elektronischen Grundakte,

3. die Einzelheiten der Übertragung von in Papierform vorliegenden Schriftstücken in elektronische Dokumente sowie der Übertragung elektronischer Dokumente in die Papierform oder in andere Dateiformate,

4. die Einzelheiten der Gewährung von Einsicht in elektronische Grundakten und

5. die Einzelheiten der Einrichtung automatisierter Verfahren zur Übermittlung von Daten aus den elektronischen Grundakten auch durch Abruf und der Genehmigung hierfür.

Das Bundesministerium der Justiz und für Verbraucherschutz kann im Rahmen seiner Ermächtigung nach Satz 1 die Regelung weiterer Einzelheiten durch Rechtsverordnung den Landesregierungen übertragen und hierbei auch vorsehen, dass diese ihre Ermächtigung durch Rechtsverordnung auf die Landesjustizverwaltungen übertragen können.

Neunter Abschnitt

Übergangs- und Schlußbestimmungen

§ 142

(1) (Inkrafttreten)

(2) Die Artikel 1 Abs. 2, Artikel 2, 50, 55 des Einführungsgesetzes zum Bürgerlichen Gesetzbuche sind entsprechend anzuwenden.

§ 143

(1) Soweit im Einführungsgesetz zum Bürgerlichen Gesetzbuche zugunsten der Landesgesetze Vorbehalte gemacht sind, gelten sie auch für die Vorschriften der Landesgesetze über das Grundbuchwesen; jedoch sind die §§ 12a und 13 Abs. 3, § 44 Abs. 1 Satz 2 und 3, § 56 Abs. 2, § 59 Abs. 1 Satz 2, § 61 Abs. 3 und § 62 Abs. 2 auch in diesen Fällen anzuwenden.

(2) Absatz 1 zweiter Halbsatz gilt auch für die grundbuchmäßige Behandlung von Bergbauberechtigungen.

(3) Vereinigungen und Zuschreibungen zwischen Grundstücken und Rechten, für die nach Landesrecht die Vorschriften über Grundstücke gelten, sollen nicht vorgenommen werden.

(4) § 15 Absatz 3 gilt nicht, soweit die zu einer Eintragung erforderlichen Erklärungen von einer gemäß § 68 des Beurkundungsgesetzes nach Landesrecht zuständigen Person oder Stelle öffentlich beglaubigt worden sind.

§ 144

(1) Die Vorschriften des § 20 und des § 22 Abs. 2 über das Erbbaurecht sowie die Vorschrift des § 49 sind auf die in den Artikeln 63, 68 des Einführungsgesetzes zum Bürgerlichen Gesetzbuche bezeichneten Rechte entsprechend anzuwenden.

(2) Ist auf dem Blatt eines Grundstücks ein Recht der in den Artikeln 63 und 68 des Einführungsgesetzes zum Bürgerlichen Gesetzbuche bezeichneten Art eingetragen, so ist auf

Antrag für dieses Recht ein besonderes Grundbuchblatt anzulegen. Dies geschieht von Amts wegen, wenn das Recht veräußert oder belastet werden soll. Die Anlegung wird auf dem Blatt des Grundstücks vermerkt.

(3) Die Landesgesetze können bestimmen, daß statt der Vorschriften des Absatzes 2 die Vorschriften der §§ 14 bis 17 des Erbbaurechtsgesetzes entsprechend anzuwenden sind.

§ 145

Die Bücher, die nach den bisherigen Bestimmungen als Grundbücher geführt wurden, gelten als Grundbücher im Sinne dieses Gesetzes.

§ 146

Werden nach § 145 mehrere Bücher geführt, so muß jedes Grundstück in einem der Bücher eine besondere Stelle haben. An dieser Stelle ist auf die in den anderen Büchern befindlichen Eintragungen zu verweisen. Die Stelle des Hauptbuchs und die Stellen, auf welche verwiesen wird, gelten zusammen als das Grundbuchblatt.

§ 147

Sind in einem Buch, das nach § 145 als Grundbuch gilt, die Grundstücke nicht nach Maßgabe des § 2 Abs. 2 bezeichnet, so ist diese Bezeichnung von Amts wegen zu bewirken.

§ 148

(1) Das Bundesministerium der Justiz und für Verbraucherschutz wird ermächtigt, durch Rechtsverordnung mit Zustimmung des Bundesrates das Verfahren zum Zwecke der Wiederherstellung eines ganz oder teilweise zerstörten oder abhandengekommenen Grundbuchs sowie das Verfahren zum Zwecke der Wiederbeschaffung zerstörter oder abhandengekommener Urkunden der in § 10 Absatz 1 bezeichneten Art zu bestimmen. Es kann dabei auch darüber bestimmen, in welcher Weise die zu einer Rechtsänderung erforderliche Eintragung bis zur Wiederherstellung des Grundbuchs ersetzt werden soll.

(2) Ist die Vornahme von Eintragungen in das maschinell geführte Grundbuch (§ 126) vorübergehend nicht möglich, so können auf Anordnung der Leitung des Grundbuchamts Eintragungen in einem Ersatzgrundbuch in Papierform vorgenommen werden, sofern hiervon Verwirrung nicht zu besorgen ist. Sie sollen in das maschinell geführte Grundbuch übernommen werden, sobald dies wieder möglich ist. Für die Eintragungen nach Satz 1 gilt § 44; in den Fällen des Satzes 2 gilt § 128 entsprechend. Die Landesregierungen werden ermächtigt, die Einzelheiten des Verfahrens durch Rechtsverordnung zu regeln; sie können diese Ermächtigung auf die Landesjustizverwaltungen durch Rechtsverordnung übertragen.

(3) Ist die Übernahme elektronischer Dokumente in die elektronische Grundakte vorübergehend nicht möglich, kann die Leitung des Grundbuchamts anordnen, dass von den Dokumenten ein Ausdruck für die Akte zu fertigen ist. Sie sollen in die elektronische Grundakte übernommen werden, sobald dies wieder möglich ist. § 138 Absatz 3 Satz 2 gilt entsprechend.

(4) Die Landesregierungen können durch Rechtsverordnung bestimmen, dass

1. das bis dahin maschinell geführte Grundbuch wieder in Papierform geführt wird,

2. der elektronische Rechtsverkehr eingestellt wird oder

3. die bis dahin elektronisch geführten Grundakten wieder in Papierform geführt werden.

Die Rechtsverordnung soll nur erlassen werden, wenn die Voraussetzungen des § 126, auch in Verbindung mit § 135 Absatz 4 Satz 1, nicht nur vorübergehend entfallen sind und in absehbarer Zeit nicht wiederhergestellt werden können. Satz 2 gilt nicht, soweit durch Rechtsverordnung nach § 135 Absatz 1 und 2 bestimmt wurde, dass der elektronische Rechtsverkehr und die elektronische Führung der Grundakten lediglich befristet zu Erprobungszwecken zugelassen oder angeordnet wurden. § 44 gilt sinngemäß. Die Wiederanordnung der maschinellen Grundbuchführung nach dem Siebenten Abschnitt sowie die Wiedereinführung des elektronischen Rechtsverkehrs und die Wiederanordnung der elektronischen Führung der Grundakte nach dem Achten Abschnitt bleiben unberührt.

§ 149

In Baden-Württemberg können die Gewährung von Einsicht in das maschinell geführte Grundbuch und in die elektronische Grundakte sowie die Erteilung von Ausdrucken hieraus im Wege der Organleihe auch bei den Gemeinden erfolgen. Zuständig ist der Ratschreiber, der mindestens die Befähigung zum mittleren Verwaltungs- oder Justizdienst haben muss. Er wird insoweit als Urkundsbeamter der Geschäftsstelle des Grundbuchamts tätig, in dessen Bezirk er bestellt ist. § 153 Absatz 5 Satz 1 des Gerichtsverfassungsgesetzes gilt entsprechend. Das Nähere wird durch Landesgesetz geregelt.

§ 150

(1) In dem in Artikel 3 des Einigungsvertrages genannten Gebiet gilt dieses Gesetz mit folgenden Maßgaben:

1. Die Grundbücher können abweichend von § 1 bis zum Ablauf des 31. Dezember 1994 von den bis zum 2. Oktober 1990 zuständigen oder später durch Landesrecht bestimmten Stellen (Grundbuchämter) geführt werden. Die Zuständigkeit der Bediensteten des Grundbuchamts richtet sich nach den für diese Stellen am Tag vor dem Wirksamwerden des Beitritts bestehenden oder in dem jeweiligen Lande erlassenen späteren Bestimmungen. Diese sind auch für die Zahl der erforderlichen Unterschriften und dafür maßgebend, inwieweit Eintragungen beim Grundstücksbestand zu unterschreiben sind. Vorschriften nach den Sätzen 2 und 3 können auch dann beibehalten, geändert oder ergänzt werden, wenn die Grundbücher wieder von den Amtsgerichten geführt werden. Sind vor dem 19. Oktober 1994 in Grundbüchern, die in dem in Artikel 3 des Einigungsvertrages genannten Gebiet geführt werden, Eintragungen vorgenommen worden, die nicht den Vorschriften des § 44 Abs. 1 entsprechen, so sind diese Eintragungen dennoch wirksam, wenn sie den Anforderungen der für die Führung des Grundbuchs von dem jeweiligen Land erlassenen Vorschriften genügen.

2. Amtliches Verzeichnis der Grundstücke im Sinne des § 2 ist das am Tag vor dem Wirksamwerden des Beitritts zur Bezeichnung der Grundstücke maßgebende oder das an seine Stelle tretende Verzeichnis.

3. Die Grundbücher, die nach den am Tag vor dem Wirksamwerden des Beitritts bestehenden Bestimmungen geführt werden, gelten als Grundbücher im Sinne der Grundbuchordnung.

4. Soweit nach den am Tag vor dem Wirksamwerden des Beitritts geltenden Vorschriften Gebäudegrundbuchblätter anzulegen und zu führen sind, sind diese Vorschriften weiter anzuwenden. Dies gilt auch für die Kenntlichmachung der Anlegung des Gebäudegrundbuchblatts im Grundbuch des Grundstücks. Den Antrag auf Anlegung des Gebäudegrundbuchblatts kann auch der Gebäudeeigentümer stellen. Dies gilt entsprechend für nach später erlassenen Vorschriften anzulegende Gebäudegrundbuchblätter. Bei Eintragungen oder Berichtigungen im Gebäudegrundbuch ist in den Fällen des Artikels 233 § 4 des Einführungsgesetzes zum Bürgerlichen Gesetzbuche das Vorhandensein des Gebäudes nicht zu prüfen.

5. Neben diesem Gesetz sind die Vorschriften der §§ 2 bis 85 des Gesetzes über das Verfahren in Familiensachen und in den Angelegenheiten der freiwilligen Gerichtsbarkeit entsprechend anwendbar, soweit sich nicht etwas anderes aus Rechtsvorschriften, insbesondere aus den Vorschriften des Grundbuchrechts, oder daraus ergibt, daß die Grundbücher nicht von Gerichten geführt werden.

6. Anträge auf Eintragung in das Grundbuch, die vor dem Wirksamwerden des Beitritts beim Grundbuchamt eingegangen sind, sind von diesem nach den am Tag vor dem Wirksamwerden des Beitritts geltenden Verfahrensvorschriften zu erledigen.

7. Im übrigen gelten die in Anlage I Kapitel III Sachgebiet A Abschnitt III unter Nr. 28 des Einigungsvertrages aufgeführten allgemeinen Maßgaben entsprechend. Am Tag des Wirksamwerdens des Beitritts anhängige Beschwerdeverfahren sind an das zur Entscheidung über die Beschwerde nunmehr zuständige Gericht abzugeben.

(2) Am 1. Januar 1995 treten nach Absatz 1 Nr. 1 Satz 1 fortgeltende oder von den Ländern erlassene Vorschriften, nach denen die Grundbücher von anderen als den in § 1 bezeichneten Stellen geführt werden, außer Kraft. Die in § 1 bezeichneten Stellen bleiben auch nach diesem Zeitpunkt verpflichtet, allgemeine Anweisungen für die beschleunigte Behandlung von Grundbuchsachen anzuwenden. Die Landesregierungen werden ermächtigt, durch Rechtsverordnung einen früheren Tag für das Außerkrafttreten dieser Vorschriften zu bestimmen. In den Fällen der Sätze 1 und 3 kann durch Rechtsverordnung der Landesregierung auch bestimmt werden, daß Grundbuchsachen in einem Teil des Grundbuchbezirks von einer hierfür eingerichteten Zweigstelle des Amtsgerichts (§ 1) bearbeitet werden, wenn dies nach den örtlichen Verhältnissen zur sachdienlichen Erledigung zweckmäßig erscheint, und, unbeschadet des § 176 Abs. 2 des Bundesberggesetzes im übrigen, welche Stelle nach Aufhebung der in Satz 1 bezeichneten Vorschriften die Berggrundbücher führt. Die Landesregierung kann ihre Ermächtigung nach dieser Vorschrift durch Rechtsverordnung auf die Landesjustizverwaltung übertragen.

(3) Soweit die Grundbücher von Behörden der Verwaltung oder Justizverwaltung geführt werden, ist gegen eine Entscheidung des Grundbuchamts (Absatz 1 Nr. 1 Satz 1), auch soweit sie nicht ausdrücklich im Auftrag des Leiters des Grundbuchamts ergangen ist oder ergeht, die Beschwerde nach § 71 der Grundbuchordnung gegeben. Diese Regelung gilt mit Wirkung vom 3. Oktober 1990, soweit Verfahren noch nicht rechtskräftig abgeschlossen sind. Anderweitig anhängige Verfahren über Rechtsmittel gegen Entscheidungen der Grundbuchämter gehen in dem Stand, in dem sie

sich bei Inkrafttreten dieser Vorschrift befinden, auf das Beschwerdegericht über. Satz 1 tritt mit dem in Absatz 2 Satz 1 oder Satz 3 bezeichneten Zeitpunkt außer Kraft.

(4) In den Grundbuchämtern in dem in Artikel 3 des Einigungsvertrages genannten Gebiet können bis zum Ablauf des 31. Dezember 1999 auch Personen mit der Vornahme von Amtshandlungen betraut werden, die diesen Ämtern auf Grund von Dienstleistungsverträgen auf Dauer oder vorübergehend zugeteilt werden. Der Zeitpunkt kann durch Rechtsverordnung des Bundesministeriums der Justiz und für Verbraucherschutz mit Zustimmung des Bundesrates verlängert werden.

(5) Das Bundesministerium der Justiz und für Verbraucherschutz wird ermächtigt, durch Rechtsverordnung mit Zustimmung des Bundesrates nähere Vorschriften zu erlassen über den Nachweis der Befugnis, über

1. beschränkte dingliche Rechte an einem Grundstück, Gebäude oder sonstigen grundstücksgleichen Rechten,

2. Vormerkungen oder

3. sonstige im Grundbuch eingetragene Lasten und Beschränkungen

zu verfügen, deren Eintragung vor dem 1. Juli 1990 in dem in Artikel 3 des Einigungsvertrages genannten Gebiet beantragt worden ist. Dabei kann bestimmt werden, dass § 39 nicht anzuwenden ist und dass es der Vorlage eines Hypotheken-, Grundschuld- oder Rentenschuldbriefes nicht bedarf.

(6) § 134a tritt am 31. Dezember 2020 außer Kraft.

§ 151

Für Erklärungen, die bis einschließlich 8. Juni 2017 beurkundet oder beglaubigt wurden, findet § 15 Absatz 3 keine Anwendung.

Anlage (zu § 126 Abs. 1 Satz 2 Nr. 3)

Werden personenbezogene Daten automatisiert verarbeitet, sind Maßnahmen zu treffen, die je nach Art der zu schützenden personenbezogenen Daten geeignet sind,

1. Unbefugten den Zugang zu Datenverarbeitungsanlagen, mit denen personenbezogene Daten verarbeitet werden, zu verwehren (Zugangskontrolle),

2. zu verhindern, daß Datenträger unbefugt gelesen, kopiert, verändert oder entfernt werden können (Datenträgerkontrolle),

3. die unbefugte Eingabe in den Speicher sowie die unbefugte Kenntnisnahme, Veränderung oder Löschung gespeicherter personenbezogener Daten zu verhindern (Speicherkontrolle),

4. zu verhindern, daß Datenverarbeitungssysteme mit Hilfe von Einrichtungen zur Datenübertragung von Unbefugten genutzt werden können (Benutzerkontrolle),

5. zu gewährleisten, daß die zur Benutzung eines Datenverarbeitungssystems Berechtigten ausschließlich auf die ihrer Zugriffsberechtigung unterliegenden Daten zugreifen können (Zugriffskontrolle),

6. zu gewährleisten, daß überprüft und festgestellt werden kann, an welche Stellen personenbezogene Daten durch Einrichtungen zur Datenübertragung übermittelt werden können (Übermittlungskontrolle),

7. zu gewährleisten, daß nachträglich überprüft und festgestellt werden kann, welche personenbezogenen Daten zu welcher Zeit von wem in Datenverarbeitungssysteme eingegeben worden sind (Eingabekontrolle),

8. zu gewährleisten, daß personenbezogene Daten, die im Auftrag verarbeitet werden, nur entsprechend den Weisungen des Auftraggebers verarbeitet werden können (Auftragskontrolle),

9. zu verhindern, daß bei der Übertragung personenbezogener Daten sowie beim Transport von Datenträgern die Daten unbefugt gelesen, kopiert, verändert oder gelöscht werden können (Transportkontrolle),

10. die innerbehördliche oder innerbetriebliche Organisation so zu gestalten, daß sie den besonderen Anforderungen des Datenschutzes gerecht wird (Organisationskontrolle).

– 98 –

ISBN 978-3-947201-99-0
Als Taschenbuch:
https://amzn.to/2NO6oZR

Als eBook:
https://amzn.to/2NR2MGq

ISBN 978-3-947201-98-3
Als Taschenbuch:
https://amzn.to/2EWJYT8

Als eBook:
https://amzn.to/2TnD16C

ISBN 978-3-947201-97-6
Als Taschenbuch:
https://amzn.to/2VLd5yo

Als eBook:
https://amzn.to/2C8JKXq

ISBN 978-3-947201-96-9
Als Taschenbuch:
https://amzn.to/2EWMglc

Als eBook:
https://amzn.to/2C95qmo

ISBN 978-3-947201-95-2
Als Taschenbuch:
https://amzn.to/2NUaRKE

Als eBook:
https://amzn.to/2VLOCsS

ISBN 978-3-947201-94-5
Als Taschenbuch:
https://amzn.to/2TndfPT

Als eBook:
https://amzn.to/2H8Hrrt

ISBN 978-3-947201-93-8
Als Taschenbuch:
https://amzn.to/2C6B5Vd
Als eBook:
https://amzn.to/2H8q7mm

ISBN 978-3-947201-92-1
Als Taschenbuch:
https://amzn.to/2NSk6L3
Als eBook:
https://amzn.to/2Cb6Bl3

ISBN 978-3-947201-91-4
Als Taschenbuch:
https://amzn.to/2NPwnzR
Als eBook:
https://amzn.to/2H6nQIp

ISBN 978-3-947201-90-7
Als Taschenbuch:
https://amzn.to/2H79rvJ
Als eBook:
https://amzn.to/2NSl5Mt

ISBN 978-3-947201-89-1
Als Taschenbuch:
https://amzn.to/2Azfr2y
Als eBook:
https://amzn.to/2Azbzak

ISBN 978-3-947201-88-4
Als Taschenbuch:
https://amzn.to/2Qhn7tb
Als eBook:
https://amzn.to/2Qurftc

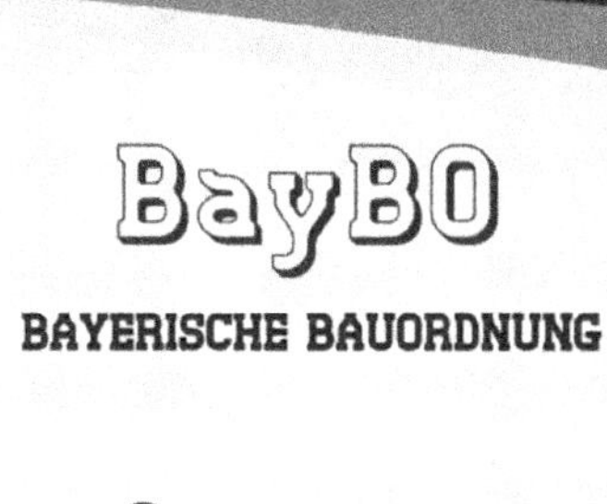

ISBN 978-3-947201-87-7   ISBN 978-3-947201-86-0   ISBN 978-3-947201-85-3

Als Taschenbuch: Als Taschenbuch: Als Taschenbuch:

https://amzn.to/2AAWlRS   https://amzn.to/2AE4Z1X   https://amzn.to/2M4MmcZ

Als eBook: Als eBook: Als eBook:

https://amzn.to/2ACbUbW   https://amzn.to/2M8MaJX   https://amzn.to/32XOrhU

GESETZESTEXTE

Deutsche Gesetze

M&E Rechts- & Gesetzesredaktion

https://amzn.to/2EWAY0i

HAFTUNGSAUSSCHLUSS